巡禮ノ記

平野美智子

文芸社

目次

今こそ、旅に出よう！

『京都清水寺　特別拝観始まる』、三月のある日、朝刊の記事に目を奪われる。何でも三十三年に一度公開される秘仏とか。

今五十三歳の私。これを逃したら次は八十六歳だ。となると実に微妙。すぐに従姉のアッちゃんヨッちゃんに連絡する。

二人の快諾を得て、満を持しての旅が始まる。ずっと前から「いつか京都へ」が三人の合言葉だった。そのために考えていたことを提案する。
一、お金をかけずに時間をかけて。（つまり、貧乏旅）
二、よって歩ける限り歩く。歩き旅。簡単なようで厳しい。（私は大丈夫だけど、三島から東京へ行くのもすぐ新幹線を使う従姉にとっては酷だったかもしれない。それなのに回を重ねる毎にどんどんはまってゆく）
荷作りは、お掛軸、お経巻、お珠数、何かひとつ白い物を身につけて「青春18きっぷ」でのスタートだ（以下「18きっぷ」）。

第十六番札所　音羽山清水寺

平成十二年春、今日は四月四日、二十四節気の清明。春分の日から数えて十五日目、清浄明潔なる日である。

「18きっぷ」は、○時から二十四時迄一日有効だから横浜まで普通乗車券を購入し、○時十一分発の「快速　ムーンライトながら」（以下「ながら」）に乗り換える。実に使い勝手の良い切符。

ヨッちゃんと横浜駅で合流し、途中の小田原からアッちゃんが加わった。

「ながら」は夜の静寂をぬって西をめざしてひた走る。私はちっとも眠れない。朝六時五十五分、終点の大垣に着いた。ここで米原行きに乗り換えるが、通勤ラッシュと重なって押しあいへしあいで苦労した。

丁度、甲子園で春のセンバツ高校野球の決勝戦があって、応援にかけつけた地元神奈川県の主婦、歴史に詳しいお年寄り、全盲の青年とそのサポート役の福祉の仕事をめざす若者等、老いも若きも大勢が「18きっぷ」を利用している。誠に有難いJR一番のヒット企画である。

九時京都に到着。バスで清水寺へ向かった。坂下で降りて緩やかな長い坂道を上ってゆく。途中には清水焼のお店を始めおしゃれな店が続き華やいだ気分になる。やがて修学旅行で写真を撮った広くて長い石段が目の前に。それにしても、かなりの高さできついこときついこと。

受付を済ませ、憧れの秘仏めざして真っ暗闇の本堂へ。はやる心そのままの足取りだ。

ご本尊は、十一面千手観世音菩薩さま。秘仏は左右に菩薩を侍らせて遠い眼差しで待っておられた。あれもこれもと欲ばってたくさん願い事をしてしまう。浅ましい限りだが、観音さまは何でも聞いて下さるし。

ひと回りして表に出ると、春ののどかな陽光が跳んできて忽ち浮世に引き戻された。羂索にもう一度願いをつなげ納経所へ。するすると紐をほどいてさし出して、あとは筆持つ人の手元に目は釘付けになる。絹地に最初の墨が入り、白いままだったお掛軸にいのちが吹き込まれてゆく。

何年待たせたことだろう。深々と一礼して、声には出せず（南無大慈大悲観世音菩薩）と三回くりかえした。心が晴れ晴れとしていい気持ち。

墨を乾かしていると、外国人の父子がのぞき込んでにっこりする。いいものは判るのね。参拝記念に念彼観音力の小さな屛風とお香を買って音羽の滝へ回る。清らかな水を水筒に詰めてから『河井寛次郎館』へ行く。従姉は民芸のとりこになっていて、趣味もセンスもとても良い。で、行ったわけ。

わずか五十〜百年ほど前の、ごく当たり前だった日本の光景が、今、音をたてて崩れてゆき、だからこそ、この空間は懐しくて心の落ち着く場所だった。記念館を出て、ではここから一番近い札所へとなり六波羅蜜寺へ向かう。歩いて十五分の距離である。

第十七番札所　補陀洛山六波羅蜜寺

空也上人像の御前に立ち、平安時代の病や苦しみ、死と背中合わせの日々に生きた人々を想像する。怖かっただろうな。

参拝し納経をしていると、バスで到着した団体さんが大勢本堂に上られ、やがて読経やご詠歌が響いてきた。添乗員さんは、山とかかえたお軸や納経帳を広げたりドライヤーで乾かしたりくるくる巻き戻したりと大奮闘。効率も良いし便利だ。

それとは正反対の私達。花を見ては小休止。鳥の囀りに足を止め、ちんたらのんびり気まま旅。春はこんなにもうららかだ。

第十八番札所　紫雲山頂法寺

六角形のお堂を構える華道池坊のお家元のお寺さん。地面につきそうな程、長く豊かな立派な柳の緑をくぐっておまいりする。

ビルの林立する京都のどまん中でありながら、不思議と落ち着いた、いいお寺さんだった。

ここには「へそ石」と呼ばれる、多分建物の礎石のような物があって往時の都の中心だったことが窺えた。位置の変わらないことは何と気持ちを安定させてくれることか。

京都には、そういう変わらないものが沢山どっしりと存在している。そこに私は憧れる。

六角堂を出て、次は革堂をめざす。わかりにくくて散々うろついた。ようやく『かうだう』の平仮名が目に留まり、入ってゆく。

第十九番札所　霊麀山行願寺（革堂）

お参りしていた小父さんが「私はネ、遠く大垣から来たんだヨ」と。「私達はもっと遠く関東から～～」「凄いなァ」で、「静岡から～～」、「神奈川から～～」「千葉から～～」と次々名乗りをあげる。受付の方も「まァまァそんな遠い所からようこそ～～」と喜んで下さって話が弾んだ。

お軸を広げ、納経帳をとなってあわてる。いくら捜しても見つからないのだ。清水寺で購入した大事な記念の品……。もう目はうるうるで、どんなに考えてもどこに忘れたのか思い浮かばない。

六波羅蜜寺の電話番号を教わって、表通りの公衆電話から急いで掛けたものの、「忘れ物？　ありませんねえ」

しょんぼりとお寺に戻る。行き交う人々のざわめきも虚ろにこだました。

その時、奥の方にいらした年配の方が手招きをする。「何でしょうか？」と恐る恐る近づくと、以下、ありがたいお説法。

「そそっかしいあなたがこの先無事にお参りできるよう、観音さまがちょっと懲らしめて下さったのです。心を入れ替えてお参りしなさい」「京都も近頃は物騒になって、不心得者も増えていることだし……」

諄々と諭されて、情けないやらで私はしゃくりあげてしまった。

多分庵主さまであろうこの方は、厳しい口調で私をビシッと叱りつけ、やや間があってとろけるようなやさしいお顔になって、「これを」と新しい納経帳を下さった。

お代も受け取らず納経帳も受け取って下さらない。そして「急いで回れば受付時間内にみな済ませられるから」とタクシーまで手配して下さり、その手際の良さ動きの速さにポカンとしていると境内に車が入ってきた。

固い握手を何度も交わして涙でぐしょぐしょ。「また必ずまいります。満願成就を待ってて下さい」そう約束した。声は大きく握手は力強くて私の手が痛い。滾る思いの庵主さま。

再びの六波羅蜜寺に着。二人には車内で待っていてもらい、境内に走ってゆく。念のため、「先程の……」と名乗ってもう一度確認したが、やはり無かった。

ご宝印を頂き「お代はいいですよ」とサービスして下さった。時間を気にしながら、清水寺へ向かう。

やがて「タクシーはここ迄しか入れませんので」と停まった。料金を払おうとすると、「もう先程いただいてありますので」。

びっくりして「いくら何でもそれは困ります。お気持ちだけは充分に頂戴いたしましたので、庵主さまには呉々もよろしくお伝え下さい」とお願いし、音羽の山を登ってゆく。

納経受付時間なるものも知らず、出たとこ勝負の旅をしているのだから、観音さまもさぞかしハラハラし通しだったに違いない。どうにか全部回れたけれど本当にくたびれた。

夕方のバスは超満員で、次々素通りしてゆくし体を休めたくてタクシーに乗る。人心地がつくと急に空腹を覚え、温かい食事で落ち着いた。

上りの「ながら」出発まで二時間以上あった。帰りの指定席券は取れなかったのでやって来た快速を乗り継いで浜松まで行く。手足を伸ばしてぐっすり眠る。

ここ迄はマルだった。が、この先は大変すぎた。真夜中の駅で夜寒に震え、ありったけの衣類を着重ねる。あちこちにご同様の姿があって、考えることは皆同じと何だかおかしい。

「ながら」が入ってきた。幸運にも二席空いていたので三人でお尻をつっこんでふ～～っ。隣を見ると、往きで仲良くなった青年二人が居てびっくりする。

早朝四時四十二分、東京着。彼らと別れ、銀の鈴広場へ向かい、髪を整え歯を磨く。各々の始発に合わせて従姉達とはここで別れる。それにしても、行きも夜行、帰りも夜行、五十過ぎのおばさんのすることではない。

「何を考えているの？」という、家族の呆れた視線が痛い。

「18きっぷ」の二枚目にチェックしてもらって改札を出て我が家に着。朝風呂にとっぷり浸かって夫と共に朝ごはん。夫を送り出して後、昏々と眠り、目覚めたらもう夕方だった。

電話が鳴る。ヨッちゃんから。「ミッちゃんごめんね」。ん？　何を言っているのやら。話の内容がよくのみこめなくて何度か聞き直してようやく了解。

アッちゃんと私の手荷物が、たまたま同じだったため、預けたりした際にすれ違ってしまったらしい。あの、失くしたと思っていた私の納経帳が入っていたと。二人は横浜駅で荷物を分けて気付き驚いたそうで、判ってみれば単なる勘違い。あの時私の頭の中はまっ白で、ちゃんと考える余裕がなかった。

庵主さまに申し訳ないことこの上なし。とにかく一部始終を書いて、すぐお詫びの手紙を投函した。呆れ顔の庵主さまや皆さんの顔を想像するだけであぁ恥ずかしい……。

頂いた納経帳は、勧められるままあの場ですぐ記名してしまったから、見つかったそれはそのままアッちゃんに使ってもらうことに。

あの時革堂で会った年配のご婦人三人連れを思い出す。

満願成就ということで、皆の拍手を浴びていた。見せてもらうと、七福神まいりだった。

首から立派な輪袈裟を掛けていた。身形《みなり》の整った、いかにも良家の奥さま風の上品ですてきな人達だった。

私も十年後にはああなりたいナと憧れた。西国巡禮が無事済んで庵主さまにお礼を申し上げ、そうして全てを終えたら次は七福神まいりに行くのだ。

神さまと仏さまとふたつのお軸が揃ったら、慶事や法事の度に広げて心をこめて合掌する。体に気をつけて何年かかろうとがんばるぞ。

真夏の旅も、また楽し

暑い夏がやってきた。今回も帰りの指定席券が取れない。その上、前回と違って一般席喫煙車両だったたから散々だ。

ため息まじりに目をやると、隣の男性は両足をフットレストに乗せて寛いでいる。私達もと、上げて下げて回したがどうにもうまく引き出せない。すると、文庫本から顔をあげて「こうすればいいんですよ」と親切に教えてくれた。ありがとう！　悠々と両足を乗せた。

そのうちお休みモードに入った人達が、次々にシートの背もたれを倒して目を瞑り始めたので、私達も真似ようと目の前の金具を押してみたがビクともせず。またまた文庫本の男性が笑いをかみ殺しながら「ボタン！」とひとこと。ヨッちゃんが「あった、あった、これね」と判ってようやくよそさまに追いついた。だが、自分達の姿を思い出すと、そのあまりの可笑しさに涙とクスクスが止まらない。真夜中だ。

朝、大垣に到着。前回で懲りたので、慌てず騒がず悠然との筈が、皆が脱兎の如く駆け出すのでやっぱりつられて浮き足だつお粗末さ。

数歩先で荷物を抱えた青年が物凄い音をたててドッターンと転んでしまう。全身から力が抜けて笑いが止まらない。失礼！　でも生死に関わる訳じゃなし、のんびりゆっくり行きましょう。

米原で右に行くか左に行くか迷った末、右にする。琵琶湖線の長浜駅で降りて、竹生島往復割引切符を購入、港へ向かう。

台風の影響か、湿気でベトベトするし、陽射しはきついし、まだ朝の八時なのにアゴが出てしまう。桟橋で日陰を探し待つことしばし。

出航は九時なので三十分前に待合室に行くと、『本日欠航』の札。あ～あ、疲れも倍加する。

くらくらしそうな中、駅に戻ると次の上りまで一時間半も待つ羽目に。踏んだり蹴ったりとはこのことか。二人が用意してくれたお弁当や果物をごちそうになって、やっと元気回復。

入ってきた快速に乗り、西国三十三所で一番西にある札所書寫山をめざす。

第二十七番札所　書寫山圓教寺

七月三十日土曜。姫路駅前からバスに乗って、美しい白鷺城を右手に山路へと入ってゆく。終点で降りてからケーブルカーで山の中腹まで行き、そこから三十分ほど坂道を上ってゆく。

途中に鐘楼があって子供達が撞いていたので私達も続いてゴーンと鳴らした。山あいに響く鐘の音に、はるばる七百キロの距離を思い感無量。こんなに遠くまで来てしまった。

そこから左右に観音さまを数えて上ってゆくと、威風堂々、立派な仁王門が迎えてくれる。そこで出会った先生と十人くらいの子供達が「こんにちは！」と気持ちの良いご挨拶をしてくれた。一服の清涼剤で、疲れもどこかへ飛んでゆく。

参道はきれいに掃き清められ、歩くのが申し訳ないほど。清々しい気分に包まれて、最高のおまいりだ。

受付で入山料を支払って境内に入ると大勢の子供達。聞けば林間学校と。何て羨ましい。

摩尼殿へ上がる石段の所で追いついてきた小学三年生くらいの子が「また会ったねぇ」と可愛いことを言う。人懐こくて瞳のキラキラ輝く子達ばかりだ。その瞳を曇らせることのないように、私達もにっこり笑みをお返しする。

本堂に上がるとそこにも先生と子供達が十人くらい居た。峰の涼風は天然のクーラーで、身も心もいっぺんに生き返る。

参拝納経を済ませ下りかかった私を二人が手招きする。聞くと、子供達一人ずつきちんと正座し合掌する姿を先生は順番にじぃーっと見守っておられたとか。実に美しい光景だったとも。そんな時間を丸ごと受け止めた幸せなあの小学生達の豊かな夏休み。いいねぇ、すてきだねぇ、三人で肯き合う。

下山する途中、杖をついた妊婦さんと、付き添うお連れ合いがゆっくり静かに上ってきた。思わずその姿を振り返ってしまう。幸せのエッセンスが辺りに香り高くたちこめていた。

喉がカラカラになるが、全く水が無かった。空腹は耐えられるけど、水無しはつらすぎる。

昏きより暗き道にぞ入りぬべき
遙かに照らせ　山の端の月

和泉式部の名歌はここで詠まれたことを案内板で知る。彼女の生き方は奔放すぎてついてゆけないが、歌はどれも哀愁と品格があってとても魅かれる。

中宮さまのお伴でここを訪れたが、性空上人にすげなく追い返され、万感の思いで詠んだとか。上人も心をゆさぶられ、めでたくお説法を授けられた。三十一文字の力もさりながら、やはりこのお山には大層心が残った。

ロープウェイを降りて後、タクシーと交渉するが、料金が高すぎてバス停に向かう。

私達はガイドブック片手に「千円くらいのはず」。対して相手は「一割おまけの三千六百円」。ただ、時間はどんどん過ぎてゆくし地理もあやふやなので、この山奥でさて、と迷った挙句タクシーに。受付時間内に入山しなくては。

メーターはぐんぐんあがってゆくし、かなりの距離と、次第に不安が増してくる。ようやく着くと、運転手さんは澄ました顔で「一割引きで六千五百円」「うっそぉ、約束と違うでしょうが」三人口を揃えてブーイング。

だが、納経受付時間が迫っていて腹を立てている場合ではないのだ。納得出来ないが、きりよく六千円にしてもらって下車する。

なのに「帰りはどうする？　乗って行かないかい？」に呆れてお口あんぐりだ。「もう結構。気分が悪いワ、乗りたくないっ、バスで行く」「もうバスは無いよ」ホントかな。でも三人で「嘘つきっ、約束違反っ」とブータれたのでちょっぴり反省したのか「駅までポッキリ三千円でいいよ。それ以上、本当に取らないから」まじめなのか、おちょくられているのかよく判らないやりとりだ。

が、人っ子ひとりいないこの寂しい山奥故面倒になりＯＫする。それーっと走り出す。

第二十六番札所　法華山一乗寺

入山の時、これこれこうなんですよと話すと、やはり遠回りされたようで、ちゃんとバイパスを通って裏手から入ってこれると言う。何だ、あとでとっちめてやらなくちゃ。

本堂は只今修復中につき、仮本堂に参拝する。噴き出る汗で顔も体も真っ赤の赤不動。石段の先、左側に見える国宝の美しい三重塔。時間がもっと欲しかった。

ここ姫路は風情があって非常に魅力的な街。ぜひもう一度訪れたい。こんなドタバタ参りではなくて、心をこめて観音さまとお話ししたい。

帰り際、「冷たい麦茶のお接待がありますからどうぞ」と勧めて下さったが、出発モードに入っているタクシーに心を急かされて、あたふたと乗り込んだ。圓教寺で最後のひとくちを飲んでから、一滴も口にしていなかった。

この運転手さん、年は八十歳過ぎで軍隊帰りの剛の者。「受付の人に聞きましたよ、もおっ」と口をとがらせると、困った顔でごまかして「その道は車が多くて走りにくいから」。

くたびれきっているから私達も適当な受け答えで締まらない。でもね、誠実じゃないわね。ちゃんと説明してくれたら納得の上で対応できたのに。丸めこまれたようで後味の悪さが残った。まるで政治と同じ？　クリーンで公明正大でゆきましょう。儲けはあとからついてくるのよ。

駅には喫茶店も自販機もなくて、喉が干からびたままホームに入ってきた快速に乗る。

窓からは明石海峡大橋の雄大なアーチが青空に美しく弧を描いていた。さらに左手の車窓いっぱいに大きな七色の虹がかかっていて、瀬戸内の風景に心がなごむ。淡路島は深い濃い緑に包まれて、海のすぐ近くを走る山陽本線の乗り心地はバッチリだ。

いつものルートで帰路につく。大垣で、疲れがたまったのかアッちゃんの元気がない。ヨッちゃんと二人で外に出て、駅前の食堂で持ち帰り弁当を拵えてもらい、アッアツをほおばった。お弁当のおいしさもさることながら、その時分けてもらった名水のおいしかったこと！　甘くて冷たくて、その水に生き返る心地。三人共ようやく元気を取り戻した。

人間は水で生きていることをしみじみと味わった今回の旅だった。

旅名人、西国を目指して出発

そして八月晦日、まさに二百十日、出発する。前回台風で諦めた竹生島へ向かう。今回も船路への心配は尽きないが、私達は不便な所、困難な所から回ってゆく。

いつもの「ながら」。小田原から乗ってきた人が「ここは私の席」と言う。私も「いえ、ここは私の席です。間違いなく」と答えて切符を見てもらう。

あれれっ、全く同じ番号記号である。発券ミスか。その人は空いていた席に移ってくれた。いつも何かしらハプニングが起こる「ながら」だが、段々慣れてきて私達も小刻みにまどろんではまたうとうとし、旅名人になってきた。

名古屋の手前でアナウンスが入り耳をそばだてる。どうやら米原に直行する始発の案内。大垣での凄まじさから逃れられるのなら、二十分遅れなどちっとも構わない。米原から敦賀へ向かう。アッちゃんの言う木ノ本界隈、湖北の十一面観音が多く祀られているこの一帯は何となくいい雰囲気だ。

権力闘争の舞台でもあったし、紫式部もこの道を雪まみれになって越前国へ発ったはず。数分間のトンネル区間だが、ポツンポツンと続く赤いランプを見ていると、昔の人々の難渋する場面が目に浮かぶ。西国は、歴史とロマン溢れる味わい深い地である。

ただ交通アクセスは大変不便であり、乗り継ぎには苦労した。駅員さんと詰める。「第三セクターになって、どんどん細い路線になってしまい……」と嘆いておられた。東京一極集中の歪みに思うこと多し。

小浜線のホームに向かう。美浜、三方、高浜と耳に覚えのある原発銀座だ。その合間に点在する対照的な素朴な風景。時折、山と山の間から若狭湾が垣間見えて何とも美しい。

ＪＲも気を利かせて、やがて一番景色の良い辺りでぐーんとスピードを落としてくれるサービスぶり。私達は「うわーっ、きれい」と、思わず身を乗り出し歓声をあげた。こんな気遣いのできる職場で働く人は誇りを胸にがんばれる。

日本海の深いブルーは幾重にも色を変え、見ていてため息が出る。山も松も砂浜も、美しい。そこいらへんからひょっこり浦島太郎が出てきそう……。

二時間後、無人の駅に降りる。かくれん坊ができそうなほど夏草が生い茂り、荒れ放題の侘しい松尾寺駅。何だか観音さまがお気の毒。

前方に女性が二人。話をすると巡禮さん。名古屋から。もう十年余りにわたる旅と伺って、始まったばかりのこの先を思う。五人で車でとなって、青葉山に向かう。車は実に楽である。

本来、巡禮とは自分の足で行くものだし、苦労した分、喜びも有難さもひとしおと思う。

何だか人生にあてはまりそう。苦労させたくなくて先回りしてあれやこれやしてしまい、挙句の果てというか結局というか、寄ってたかって駄目にして——。何だか嫌だなァ。

第二十九番札所　青葉山松尾寺

満開の百日紅に迎えられて山門をくぐる、静かなお寺で、納経所には麓から勢い良く涼風が吹いてきて身も心もすっかり軽くなる。この清々しさをどう表現したらよいのだろう。

一枚撮ってから、待っていてくれた車で駅へ。タイミング良く電車がやって来て、食べ始めたサンドイッチを慌ててお口に放り込む。

次は東舞鶴駅。ここで舞鶴線に乗り換えてひとつ先の西舞鶴へ。待ち時間に、今夜のお宿ユースホステルの予約を取る。西舞鶴からは、北近畿タンゴ鉄道で天橋立へ。いよいよ丹後国。懐かしくてキョロキョロする。

三十年も昔、会社の同期のミキコさんと山陰一周の旅に出た。ミニ周遊券という名称だ。旅情たっぷり　♪たんごぉの、みぃやぁづぅ～♪　の調べが終日流れていたっけ。いか徳利がおいしかったなァ。

気分はいっぺんに二十代にワープしてしまい、思い出話に夢中になる。ふと斜め向かいの席の人と目が合い黙礼。話しかけてこられた。やっぱり巡禮さんで、越前から来た富村さん。

二年前に、まだ三十歳前だったご子息を亡くされたと伺って、私達の口も自然と重くなる。

世に逆縁の悲しみほどつらいものはないと言う。和泉式部も娘に先立たれ、あの名歌を詠んだ。

とどめ置きて誰をあはれと思ふらむ
　子はまさるらむ　子はまさりけり

母方の祖母は、自分によく似た面差しの二男を戦争で亡くし、間もなく静かでやさしかった二女にも死に別れた。夢でもよいから会いたいのにと嘆いていた。

私は順縁だったが父に死なれた後、三年も涙が止まらなかった。あの日から、見える世界は一変した。

富村さんは、最愛の希望と期待の星を捥ぎ取られたのだ。大の男と雖も、その悲しみは察して余りある。奥さまは、まだとてもつらすぎて耐えられないと、同行してくれず、一人で旅に出たそうだ。

松尾寺駅で私達とすれ違いで降りて車で回り、巡禮なら次は天橋立、と追いついてこられたわけ。

第二十八番札所　成相山成相寺

駅から船着き場に向かう。ところが最終便は今出たばかりで、あとはジェット船で追いかけるしかないと言われ、がっかりする。

係員は手早く電卓で計算し「はいっ、ひとり当たり〇〇円ずつね」と言いながら、船を手配し、考える間もなく乗せられてしまう。

うなりをあげ白波をけたてて瞬く間に定期船を追い越して忽ち一宮桟橋に着。急ぎケーケーブルカーの駅をめざす。

昔の記憶はすっかり薄れて定かならず。こんなだったかなァ。五分後傘松公園駅に到着。バスの発車時刻まで時間があったので、例の「股のぞき」を代わる代わる試した。絶景、絶景、まことに雄大な眺めなり。

やがてバスは発車、右に左に大きく揺れて、下を見れば深く険しい谷底でドキッとする。

終点で降りて、その先の長い坂道と更にきつい石段を見る。私達はいつものように途中に重い荷を置いて本堂をめざした。富村さんは大荷物をふたつも背負っているうえ、私達より年上なのにスタスタとずっと先の方。きっと息子さんと父子の声なき対話をしているのだろう。

本堂前の水飲み場で私達はごくごくと夢中で水を飲む。全くこの夏の暑さといったらない。いくらでも飲めるのだ。

とたんに「本堂閉まっちゃうぞぉ」と呼ばれ、慌てて参拝納経をする。ドライヤーで乾かして後、お軸を巻いてリュックにしまい、飲み足りなかった水を何回もお代わりする。

やっと落ち着いて皆の傍に行く。その時、お軸が無いことに気付いて大慌て。周りを捜すが無い。騒ぎに気付いた富村さんが、「そういえば、さっき何か赤い物が……」と呟いて駆け出した。私も追う。氏が溝からお軸を拾い上げて高くかざした。落としていたのだった。氏が気付いてくれなかったら水浸しになって、今迄のお参りが全部駄目になっていたかもしれない。外はともかく、内は無事だった。感謝、感謝で手を合わせた。

あ〜あ、またも失敗の巻。革堂の庵主さまのお説法もちっとも身につかないおっちょこちょいの自分が嫌になる――。

下りのバスでケーブルカーの駅に向かう。コーヒーでもと立ち寄ると、もう店仕舞いでバタバタしていた。つまり、私達が乗る予定の、最終便で皆さんも全員下山するのだ。夕方五時、お店もお寺もバスもケーブルも一斉に終了。追われるように麓に戻る。

「宿はまだ」という富村さんの分の予約も取って、喫茶店でひと休み。ああ疲れたナ。氏はこちらの人だから、この先行く所の寺々に詳しくていろいろ教えてくれるから有難い。頭の中の配線がどんどんつながって、点が線になってゆく。これが一番うれしい。

ユースホステルの食堂で、私達四人と青年三人は仲良く打ち解けて話に花が咲いた。入浴し、畳の上で手足を伸ばしひと休み。荷物の整理を始めたとたん、アッちゃんの「お軸が無いっ」という、とんでもないひと声に驚いて、皆でひっくり返して捜すが見つからない。

「あそこ?」「いやここでは?」と頭をひねる。一番ありそうな所はバスの中だが、もう誰もいない。朝一番に連絡を入れる他ないのだ。

すっかり気落ちした彼女を「絶対に見つかるから。きっと有るから」と、二人で励ました。どうか明日見つかりますように……。思わず三人で観音経を唱和する。

まァ、ここでも全員ミスっている。初めはヨッちゃん。上りのケーブルカーの中に切符を落とし、慌てて引き返してドアを開けてもらうと下に落ちていた。次が私。お軸を背中から落としても気付かず水を飲んでいた。そして今アッちゃんだ。ドジ三人仲良く順番にやらかしている。どうか見捨てないで、観音さま――。

翌朝駅に行く。これこれこうで、あるとすればこの席でとあらかじめ伝えてあるものの、ケーブルカーが動くまで待つしかない。

ようやく始発の上りのケーブルカーが動き始め、しばらく経って降りてきた。駅員さんが確認にやって来る。あったんだ、ああ、よかった。

住所氏名を名乗ってお軸が彼女の手元に返ってきた。一件落着でほっとする。

富村さんは、昨夜から時刻表と首っ引きで竹生島へのルートを調べてくれていた。私達と一緒に回ることになったのだ。ギリギリだったが何とか電車に間に合いラッキーなり。ゆうべのお経がどうやら届いた――。

昨日と逆に行く。丹後由良駅を通過する。美しい地名、そしてあの山椒太夫の話題から、♪安寿恋しや　ホーヤレホー♪　と歌い始めるこのノリの良さ。全くもぉの天然さんの私達。

やがて西舞鶴、東舞鶴、小浜へ。竹生島への船便に合わせるため、敦賀まで行かずにここで下車してJRバスで近江今津へ向かう。

若狭湾で獲れた魚を都へ運んだ、通称・鯖街道。ここがその道か、とあたりの風景をしっかり眼に焼き付ける。

途中から乗ってきた母くらいの人が隣に座り、話しかけてきた。「巡禮です」と答えるとしげしげと私を見つめ「私は、まだあと五つも残ってますワ。もう足がかなわんで。どっこもきついとこばかしで諦めてんのぉ。若いのに偉いのぉ」「もう年ですよ、五十もとっくに過ぎて」「三十代かと思うたワ、わけぇのぉ、きれいやのぉ」信じられないお上手を。続けて「幸せな奥さんやのぉ、ええ旦那さんやのぉ」

旅に出たとたんにすっかり忘れていた夫を思い出し、ホント有難いこと、私には過ぎたる夫、と心の中でそっと手を合わせた。

一時間余りで今津に到着。リュックひとつの私は真っ先に降り、続いてヨッちゃん。やや間があって富村さんが、何だかひっくり返りそうな大荷物を抱えてよろよろ降りてくる。ヨッちゃんが近寄って手をさしのべようとする。と同時に、氏の「これっ、忘れ物っ」。何と自分のふたつの荷の他に、ヨッちゃんのリュックまで抱えている。慌てるヨッちゃん。自分はきれいさっぱり忘れてショルダーバッグひとつ提げて悠々と降りていたのだ。

毎日性懲りもなくおバカをくり返す私達。世話の焼けるおばさん三人を相手に辛抱強くおつきあい下さって頭が下がります。でも、きついひと言も忘れない。「あなた達、いつもそんな具合にご主人相手に好き勝手言って、『あら、スミマセン』で終わりだろう?」うーんと絶句。

世の男から女どもへ、丁重に熨斗をつけて返されたような案配で……。おっしゃる通り三人とも、自分勝手でワガママで適当で、ホントよく見ていること。

船着き場で往復切符を購入後、お昼にする。アッちゃんは、お気に入りの『琵琶湖周航の歌』の歌詞を全部メモしながら楽し気にハミングだ。――仏の御手にいだかれて……。

船はすべるように竹生島へと進んでゆく。降り出した雨も、島に近づく頃にはすっかり上がり、めまいのしそうな暑さとなる。今夏一番の厳しい残暑に加えて、急勾配の石段のきつさにひいひい息が上がり、足ももつれそう。

第三十番札所　竹生島宝厳寺

先に弁天さまにお参りして、杓子の由来を伺うと「幸せをすくい取り、災いを打ち払うもの」と答えがあって納得する。

厳島、江の島、そしてここ竹生島が、日本三大弁天だそう。どこも、甲乙つけ難く良かったな。

また、秀吉ゆかりの島ゆえ、全体的に華やかで明るくて桃山時代につながってくる。滴る緑、丹塗りの建造物、この島を美しく荘厳《そうごん》した人々の熱い想いに心をとどめ置いてゆっくりとお経を唱えた。

ほんのひと廻りの小さな島だが、出航するまでやや間があり、写真を撮る。「送りますから〜」とアッちゃんは富村さんの住所氏名をメモしている。来年、再びチリに行くと。それまで続ける巡禮の旅ということ。

船は遠ざかる島影を背に力強く前進した。駅に着くと、湖西線は今出たばかりで、次の電車では圓城寺参拝はとても無理。残念だが諦める。一泊してもたった三寺しか回れなかった。本当に難儀な旅だが、それでも回数を重ねる毎にどんどん楽しくなってくる。

坂本を過ぎるとそろそろ私達もお別れだ。富村さん、突然何を思ったのか、「三人の中で一番そそっかしいのがあなただね」ぐさり言われてうろたえる。確かにその通りだし、反論不可。

「私達は従姉妹同士。こちらの二人が姉妹で、私達の母親が姉妹」と打ち明けた。子供の時そのままに呼び合っていたので、一体どんな間柄なのかよく飲み込めなかったようで、ようやく納得してくれた。

「ではお元気で」と京都で別れ、いつものように快速に乗る。時刻表を見ると、接続がうまくいって二十四時三十分沼津着予定。ではそこまで一緒にとなり、更に、急に泊まることになってバタバタする。

観音さまからの贈り物

三回目の旅から帰ると、分厚い封書が届いていた。開けると、「当選おめでとう」のお知らせとともにギフトカードが十枚入っていた。

みせびらかしたのでさあ大変。長女に巻き上げられてしまう。元より無かったものだし、当たっただけで超嬉しい。

そして数日後、また封書が届く。何となくいい予感。

やっぱり「おめでとうございます」で、裏磐梯の高級旅館に一泊二食付き二名様ご招待。こちらは、「お風呂で一句」というキャンペーンに応募したときのものだ。夫の事務所に向かっていたある日、大変な渋滞に巻き込まれ、車はノロノロと進んだ。その時目にした光景を手帖にメモした。

つゆ深し　路地ゆく僧に　こぬか雨

見たままを五七五に並べたその句が高級旅館での一泊二食を引き寄せてくれたのだ。封筒の中の書類に目を通すと、千五百通もの応募総数とあり、まるで夢でもみている気分だ。さっそく母に知らせると、「バチは当たっても、そんないいことなんて当たった例しがない」と喜んでくれる。バチでも何でも当たるのはいいさ。

予約の電話を入れ、数日後確認書が届いた。入っていたパンフレットを見て目を丸くする。

座敷は十帖、十二帖、六帖の三室もあって、玄関は四帖の次の間付き。勿論立派な式台がついている。

トイレも広々と三帖大。ダブルシンクの洗面所から内風呂を経て専用の露天風呂へと続いていた。

リビングにはコーヒーカウンターが付いてゆったりとしたスペースだから、応接セットの傍にはマッサージ機まで置いてある。

床ノ間も一間以上取ってあり、おしゃれでぜいたくで風流な数寄屋造りの宿だった。分不相応のお宿に泊まれることがなかなか信じられなくて落ち着かない。観音さま、こんなに次々喜ばせてもらってよいのでしょうか。


前後して届いた「当選おめでとう！　二〇〇一年、ヨーロッパの旅パリ編」は、本当なのだろうか？　なかなか実感が湧かない。いいのかなァ。

ＪＴＢの旅であり、内容も魅力的。いろいろ考えた末、申込書を投函した。まだ見ぬパリを想って顔中がゆるんでしまう。こんなに当たりが続くと、半分怖くなり急いでお経を唱えた。

「もうこれで充分です。結構です。他の方にまわして下さい」そう伝えるしかなかった。

秋冷の高野山へ

四回目の巡禮は、十月二十五日に三島に泊まって始まった。義兄の車でゆく高野山とその周辺の霊場巡りである。

二十九日に帰宅すると、長女が「また当たったよ、お・こ・め」と箱を指す。ぺたんと座り込んでしまう。いつもいつも巡禮に合わせるかのように「おめでとう」だ。何なのだろう。

開けると、お米ではなくて新高梨だった。お礼状を投函する。父の月命日に届いたのでまず父にお供えし、Oさんにもお福分け。どんどんお福分けして共に喜べば、それが一番観音さまの心に適うはず。残りをありがたく頂戴する。さわやかなその歯ざわりを楽しみつつ、高野山での不思議な体験を思い出し、思わず知らず身ぶるいした。

十月二十六日朝七時出発する。東名は工事中で混んでいたので途中で一般道に出るが、どこもかしこも同様で、十時名古屋着の予定が大きく遅れる。

前回、富村さんが教えてくれたコースは空いていてマル。どんどん山の中に入ってゆく。なるほどね。地元の人はよく知っている。

第八番札所　豊山長谷寺
そして番外その一　法起院

大和は国のまほろば、うるはしの大和に心がぬくもってくる。まずは長谷寺へ。

牡丹の頃の見事な光景を思い描きながら、廻廊をゆっくり上ってゆく。目に入る山々の緑と静かな時間は、現代の喧噪を束の間忘れさせてくれる。大きく息をする。

高さ十メートルもある立派な観音さまをしっかり見上げて手を合わせる。どの観音さまも、なぜか懐かしい人に重なってくるのはどういうことかと、ふと思う。

下山して、隣接する徳道上人御廟所法起院へ。

どこもかしこもピッカピカに磨きぬかれて大変清々しい。一心に手を動かしていた人のあの後ろ姿を忘れてはいけない。真似なくては。次は岡寺へ。

第七番札所　東光山岡寺

住井すゑさんの『橋のない川』を読んだ時、人権とは何かと嫌でも考えざるを得ず、己が心に鞭打たれる思いがいつまでも残った。

ふるさと大和、日本人の魂の起点大和国、岡寺へ続くゆるやかな坂道は、ひんやりとほの暗く心がしゃんとしてくる。崖の両側に、白い野菊がひっそりと咲いていた。門の塀は五本線。格式の高さを示している。小ぢんまりとした上品なお寺さんだった。

本日の最後は壺阪寺なので、午後五時までに入らなければならない。迫る夕暮れに心せかされ道を間違えてしまう。刻一刻と光から闇に交代してゆくこの時間帯の心細さといったらない。何しろ山の奥のそのまた奥なのだ。

ようやく正しいルートに至るも、ゆきすぎたり戻ったり。下車後は夢中で走り出す。

第六番札所　壺阪山南法華寺

受付は、もう閉める直前だったが、私達はあらん限りの大声で叫び走りなだれ込む。受付の方は、驚きと困惑を一緒くたにした何とも言いようのない表情でこちらを見つめ、でも納得してくれて「大丈夫です。何とか連絡をとってみましょう」と頼もしいお返事。ほっとした。夕方五時の鐘が山のお寺に鳴り響く。

「どうぞこの上へ」のお言葉に、一斉に上方に駆け出すが、何しろもう真っ暗だ。あまりに広すぎて訳がわからない。

目をこらすと、彼方にポッと灯りが見えた。納経所には若い男性がにっこりほほえんで待っていて下さった。

もう観音さまはお堂の内に休んでおられたので、閉じられた先に心からの合掌をする。よくぞ通して下さったこと、何てありがたいこと。

駐車場に戻り、俄か運動会のすさまじさを思い出しては可笑しすぎて笑いが止まらない。

ここから眺める美しい黄昏の空、茜雲、街の灯りを万感の思いでじっとみつめた。淹れてもらったお茶は別格のお味だった。そして車の便利さ有難さ、快適さを実感する。

いよいよ義兄お目当ての高野山へ向かう。亡き人々の菩提を弔うための今回の旅である。左手にキラキラ光る紀ノ川、それを頼りに高野口にたどり着く。どんどん上ってゆく。右に左に大きくカーブし、かなりの距離、高さと判る。

奥深い聖地が近づいてきて、ようやく平坦な道になる。並のお山ではなかった。

西門院が今夜のお宿だ。初めての体験で、ワクワクドキドキ目も耳も全開だ。部屋に通されて、本当の本物の精進料理がズラリと並び、眼福をしっかり頂戴する。宿坊の、この豊かな空間――。

男の力で練り上げられたごま豆腐は絶品で、どのお料理も全部きれいに平らげた。

翌朝は六時に起こしに来てくれて、三十分後の朝の勤行に参加する。四人並んで待っていると僧侶が次々に着座し、やがて読経が始まった。

黒光りする御仏や、その先に続くまっくらな空間に目をこらし耳を澄ませていると、何度もイッサイジョーライと聞こえてきた。

午前七時終了。お札を頂いたり、「喜捨」とある銅板の一枚に母の名と父の名を書いて奉納した。いつの日か、高野山の天辺からきっと私達の日々を見守って下さることだろう。

朝食を済ませて宿坊ともお別れだ。質素できちんとしたこのような体験は、心身共にひきしまり襟を正したくなる。もう一度、今度は家族を連れてぜひ来なくては。

こうして、お陽さまと一緒に起きて一日動き、月や星と共に眠る暮らしこそ人間らしくて何よりだ。

宿坊で勧められたので、奥の院に向かう。秋冷の澄みきった大気にきゅっとする。何て気持ちの良い所だろう……。

掃き清められた参道を進んでゆくと、右にも左にも歴史上の人物や有名な人々のお墓が次々に現れて壮観だ。争ったけど、裏切ったり憎んだりしたけれど、最後はこうして隣り合って眠っている。

しんとした道をなおも行くと芭蕉の句碑があった。

ちちははの　しきりに恋し　雉子の声

涙がこぼれて止まらない。気持ちがどんどんとぎすまされてゆくピュアな時空間だった。

奥の院で合掌する。そしてぐるりと時計廻りに進んでゆくと、お大師さまのお墓があって、巡禮さんの一団がご詠歌やお経の声を響かせていて、花と線香にむせかえりそう。

空海・弘法大師さま、永遠のいのちを得て本当にお幸せですね。あなたさまの書、風信帖を世田谷美術館で開かれた東寺展で拝見いたしました。

以来、いつか高野山へと憧れ続け、本日、ようやくお参りが叶いました。ここに立てば、見えると世界が変わるとはっきり判りました。

階段を下りようとした時、向こう正面から何やら物々しい僧列が。急ぎ退ってお迎えお見送りをと待っていると、一条の光がパアーッと射し込んできて、薄暗い杉木立の参道がいっぺんに明るく暖かくなる。うわーっ、何て嬉しいこと。光溢れるこの場所で手を合わせお見送りできるなんていいねぇ。

行列の一番後ろにいた方に、失礼をも省みず、つい質問してしまう。

「今日は、弘法の法名を戴いた記念の、一年に一度しかない法要がこれから始まるのです。私も初めて参加するのです。どうぞご一緒に」「えっ、本当によろしいんですか？」。またとない得難い日にぶつかって、信じられない思い。是が非でも行ってみたい。観音参りがひとつ出来なくなってもこれを逃したら勿体なさすぎる。即、決まった。

くるりと引き返し、一緒に本堂に上らせてもらい、嬉しさで顔はゆるみっ放しである。

後で知ったが、通常はなかなか上れない所だそうで、驚きと喜びの二乗三乗である。

隅っこにちんまり座っていたら「こちらへどうぞ」と手招きされて、正面中央の、いってみればお仏壇のような位置に案内される。お大師さまの五輪塔のスクリーンがでーんと据えられたその真ん前だ。言葉を呑み込んだ。このような場所に座ってしまっていいのでしょうか、お大師さま。近づきすぎて怖いけど。なぜその位置だったのか、あとで判った。

やがて、しずしずと大勢の僧侶が入ってこられ、お経とは異なる讃辞のような唱和する声がぐわーんと響いた。そして四隅で立ち止まっては、天にも届かんばかりに訴える朗々とした張りと艶のある声のすばらしいさ。まるでオペラだ。

今日は二度までも勤行に参加させてもらい、深く感動した。こんなすばらしい日に、偶然とはいえ義兄は予約してくれて、感謝、感謝の二文字なり。

後日、高野山に関する本を読む。正しくは、燈籠堂であり、諡号奉賛会《しごうほうさんえ》なり。

「ご焼香もどうぞ」と声をかけて下さって、次々に合掌し終了した。

深い余韻が身の内にこだまし、離れなかった。もう何も言葉は要らない。ここに魂をしっかり置いて下山する。

みかん、柿と豊かに実る紀州は、のどかで光あふれる地。紀州弁を楽しみながら、時分どきなので名物の鯛ごはんの昼食とする。

第二番札所　紀三井山金剛宝寺護国院

清浄水、楊柳水、吉祥水の三霊泉から名付けられたこのお寺の名（きみいでら）のきれいな響き。

女の厄除け三十三段、還暦の六十段など、人生を重ねつつ思いつつ息を切らして全二百三十一段の石段を上ってゆく。私の足腰は情けないほど頼りないから、いつも一番最後をよろよろと。

ガイドブックで見覚えのある光景が目の前に大きく広がって、和歌浦湾が一望のもと。昔の人が、ひたすら浄土補陀洛を願った心はこの景色を目にすると少しは判るような気がする。気持ちが良くて去り難い風景だった。

万葉びとも、目を細め額に手をかざし、この太平洋を眺めたことだろう。

木も石も全て昔のまま。そう思うと、一層先人の跡を追っていると思え、もう少しがんばろうと心がひきしまる。

次は紀ノ川沿いに北上して粉河寺を目指す。

第三番札所　風猛山粉河寺

和歌山はたわわに実った柿の季節を迎え、秋たけなわ。時刻は既に午後三時すぎ。果たして次の槇尾山までゆけるかナ。

伺ってみると、約一時間半の所要時間とか。ではここでゆっくり参拝して美しい庭園も、じっくり見てまわろうとなった。

敷き詰められた石、がっちり組み込まれた石、どれもピタリ納まって絵になる光景だ。

ふと見ると、結界、門、庭の佇まい等、全て文句なしの風雅な建物があり、のぞく。落ち着いた理想的な母屋と庭の造りに心魅かれ、折良く通りかかった方に伺うと、「どうぞお入り下さい」と嬉しいご返事が。

いそいそと正面玄関めざして入ってゆく。閑静で上品で、木や下草さえも風情たっぷり。今では珍しい縁側がぐるりとめぐらされ、秋の穏やかな陽をいっぱい受け止めている。いいねぇ。うっとりする私達の極上のひと時だ。

こんな暮らしがいいなァ。本当のぜいたくは実に素朴で真っ当なものなのに、心がつんのめって目が虚ろになって、どれだけこぼれ落ちたのやら、判らぬまま――。いつもうるさいほどおしゃべりする私達だが、満ち足りたあまり口数も少なくなっている。わかった！　おしゃべりさんっていうのは、つまり欲求不満の裏返しだったんだ。シーン。

粉河寺を出て、今夜の宿をと電話のあるコンビニめざして走り出す。ちっともみつからない。三十分ほど経ってやっとスーパーが見つかり、とりあえず近くであろう河内長野のユースホステルに連絡し、ＯＫとなる。

行き当たりばったりの旅は実に楽しい。でも、夫のような慎重居士はギロリ目をむく。おぉこわっ。

三十分から四十分の距離ですよ、のお言葉に反し、どこをどう走ったのかちっとも目的地に着かない。もう辺りはとっぷり暮れている。夕食の注文は間に合わなかったし、道路は渋滞だし、コンビニ弁当を温めてもらって車中での夕食となる。

往きつ戻りつしてようやくお宿に着くと、丹前姿の男性が二人、TVの前で寛いでいた。

「どちらが勝ちましたか?」「勿論ジャイアンツ!」、ワーイ、ワーイ、とうとうやったね日本一。四人で大喜び。清原ファンの私もうれしいな。

改装したばかりの和室に荷を下ろし入浴。山の奥で冷え込みが厳しいから、暖房を入れたまま朝を迎える。

午前六時半起床。身仕度をして食堂に行き、本日の山登りに備えてしっかりお代わりをする。

いよいよ西国巡禮一、二の難所施福寺へ。

第四番札所　槇尾山施福寺

山道にさしかかり、車止めの手前に停車して槇尾山を登ってゆく。長くてきつい坂道だ。

早くも下山してくる人達と次々に朝の挨拶を交わす。皆さん、一体何時に入られたのだろう。

仁王門を過ぎると、ここからいよいよ本番だ。次第に重くなる足取り。まるでお年寄りになったように呻きながら登ってゆく。

私達の後から年配の方がひょいひょい登ってきて、先日の嵐で倒れた杉木立の説明をして下さる。父と同じ昭和二年生まれの方だとか。ああ羨ましい。父も存命だったなら、今頃は全国を廻って史跡巡りを楽しんでいただろう。

父には私の息子を連れて東北地方を旅したいという夢があった。その話を聞いた時、私はちっとも気にも留めず無反応のままだった。申し訳ないことをしてしまった。東北に行って、一体何を見たかったのか、聞いてあげるやさしさも無かった。

この方は、観音さまにお酒を奉納するために、毎月こうしてお山に登っている。親しみを覚えて一緒についてゆく。ワンちゃんも嬉しいのか、ちぎれんばかりに尾を振ってお供つかまつっている。桃太郎おじいさんだ。

お大師さまは、唐から帰って都に上る前、ここにこもって経典のまとめに没頭されたとか。ゆかりの愛染堂を右手に、最後のきつい石段を上りきると本堂があった。

アッちゃんのお軸を担当した方が、「これはどちらで手に入れましたか」と質問する。

銚子市犬吠埼、満願寺落慶法要に訪れた大勢の善男善女の頭上に撒かれたお祝いの散華。ハラハラと風に舞い落ちるその散華を二枚、母は手にした。そうして引き換えた参拝グッズこそ、今私達が持参したお掛軸他である。

誘ってくれたお礼にと、四女である母は三女である姉に一組さし出した。昭和六十年のことだった。

母達が為し得なかった思いをしっかり抱えて始まったこの巡禮を、改めて心に刻む私達。

はるかに見渡す葛城山系の峰々を強く眼に閉じ込めて、パラつき始めた空模様を気にしながらお山を下ってゆくと、麓から続々と団体さんが登ってきた。

雨脚は次第に強くなり、傘を持たずに登った私達はびしょぬれだ。余分に抱えていたカーディガンを頭からかぶる。

「降らずとも雨の用意」戒めの言葉が何も実践できていない。父と同い年のあの人は、ちゃんとリュックの背にしっかりと傘を結わえつけていた。心がけが、そのまま全身をビシッと覆っていた。

私達のお参りが済むのを待っていたかのように降り出した雨。今日は一日雨模様。

車は次の葛井寺めざしてスタートした。仲哀天皇陵を右手にまわってお寺に到着。

第五番札所　紫雲山葛井寺

街中の賑やかな商店街を通り抜けなければ行けない仕組みになっていて、ぐるりと大廻りする。高貴な由緒ありげなお寺さんばかり続く中で、ここは親しみやすくてカラッと明るいお寺さん。目の前では、新車のお祓いを受けて夫婦揃って頭を垂れていた。

納経後、常のようにお軸を乾かす。入山料や参拝用に小銭をたくさん用意してきた私達。その巾着は、初めはずしりと重たかったが、随分軽くなってきた。アッちゃんは、手の平に百円玉を乗せて「これで小銭が全部お終い。ねっ、八百円」と見せてくれた。

お軸を巻いていると「ああ、恥ずかしかった。八百円のつもりで出したらね、七百一円だったのよ」あまりに可笑しくて大爆笑となる。

さすがお寺さん。やさしく恥をかかさぬようお伝えして下さったそうで、その場に居合わせたかったナ。どんなニュアンスと言葉遣いだったのか、この目と耳で伺いたかった。

夫と結婚した当初、「俺に喧嘩を売ってるのかっ」のひとことに愕然としたことがあった。どうやら気の強さ荒さがそのまま言葉や態度に出ていたらしい。以来二十八年。「どうして自分をちゃんと抑制できないのだ」とまで言われている。何をどうしたらよいのか、本当に見当もつかない……。

雨は激しくなったり小降りになったりをくり返しつつ、止む気配もない。

次は興福寺。ナビは奈良県庁を目指し、「あと〇〇メートル」と知らせてくれて、修学旅行以来の古都に胸がときめく。

若さというものは残酷だ。あの頃私達は説明も景色もてんで耳に入らずに、今考えればどうでもよいことだらけの中で暮らしていた。全く勿体ないことをしたものだ。

第九番札所　興福寺南円堂

正面から仰ぎ見る南円堂は正八角形の端正な姿で藤原一族の栄華の日々が偲ばれる。

お参りを済ませて墨を乾かしていると、ヨッちゃんが「写真撮っているョ」と言う。数人の外国人グループが関心を寄せたようで、「あれは何か?」と問うている。職員が流暢な英語で説明すると、うち一人が所望に及び、バラの一枚で書いてもらった。

まっ白な紙に墨の黒が鮮やかに記されて、朱い印がぎゅっと捺されるその手元を、彼は瞬きもせず見つめていた。彼にとって、東洋の香りのするインテリアになるのだろう。観音さまもさぞかし喜んでいらっしゃる。美しいものは、そのまま誰にとっても美しい。

猿沢の池に廻る。五重塔を背景に一枚撮って、元来た道を戻ってゆくと国宝館があり、阿修羅を見たいと皆が言う。「上野で見ているから外で待ってるネ」と出口の方に目をやると、「あなたのご覧になった阿修羅はレプリカだったのですよ、門外不出となっていますから、ここに在るのが本物です」と受付さんが言う。そうかもしれない。私も入館する。

教科書で初めて見たその表情に心を奪われ、少年か少女か判らないその姿にじっと見入る。

好きな御仏は、広隆寺の弥勒菩薩像。そしてパリから戻るのを待って上野にかけつけて拝観した百済観音像。どちらも甲乙つけ難い良いお顔ばかり。見ていて飽きることはない。

次は義兄お目当ての東大寺。十七歳の時に訪れているのに全く印象が違う。こんなんだったかしら。

ともかく、千年前の人々の凄さを実感する。本当にすばらしい堂々たる姿だ。人々はここで何を祈ってきたのだろう。篠突く雨に、もう靴の中は水たまり状態で気持ちが悪いが、それを打ち消してなお余りある威容だった。

聖武帝と光明皇后はどんな人達だったのか、おむつも取れない幼い皇子の夭逝に耐えたその切なさを想う。それでも、哀しみの上に続く人生を歩むしかないわけで、昔も今も何ひとつ変わりはしない……。

時計はもう午後三時過ぎ。往きに目を留めていたお店に入って、遅い昼食となる。薄味だし、良く吟味された上等のお昼に大満足だった。

車に戻って靴下をはき替え、新聞紙を丸めて靴の中にたっぷり詰め、人心地がついた。

はるか一千キロの道のりだった。兄上さま、大変お世話になりました。姉上さま、お食事から飲み物まで何もかもすっかりお任せでありがとうございました。心もお腹も満タンです。

その夜はもう一泊させてもらい、翌朝、心尽くしの朝食をごちそうになって、駅まで送ってもらう。

猪苗代へ、日光東照宮奥の院へ

十一月七日立冬。娘達には「半分出してあげるから」と声をかけ、四人で旅に出る。快速に乗り、錦糸町からタクシーで浅草に向かい、東武快速十時二十分発の電車に間に合った。

関東平野から山路にさしかかると、せせらぎ、岩肌、紅葉が誠にうるわしい秋景色。天気は上々、これ以上ない日本晴れ。私の心も快晴だ。

会津高原駅で、待っていた反対ホームの電車に乗り継ぎ、午後三時会津若松着。この山奥のひなびた秋を愛でたくて、野岩鉄道コースを選んだが大正解、大満足。

磐越西線の待ち時間は一時間以上あったので、もう一本遅らせて浮いた二時間で市内観光と相成った。

会津が初めての母は鶴ヶ城行きを所望する。小春日和ののどかな日だったのでレンタサイクルにする。暖かくて明るくて、昔家族旅行で訪れた夏の日とは全く印象が違う。車でサァーッとやって来てサァーッと帰ってしまうより、こうして自分の足でペダルを踏んで街の人になりきって走る爽快さといったらない。風の甘いこと、やわらかいこと、病みつきになりそうだ。

やがて女子高校を左折する。お城もそろそろだ。キラキラ光る四台の銀輪に心が弾んだ。ハミングしながら振り返ると、母もにこにこ元気いっぱいでついてくる。ララ、これが幸せというものか。

鶴ヶ城は風格と優美さで私達を手招きしてくれていた。彼の昔、少庵さんはこの地で京都を偲び、友を想って耐え忍んだ。

銀杏は黄金色に照り映えて青空にくっきりと浮かび、散り敷く紅葉は赤、黄、緑と錦絵のようだった。

明るい光の中で、心の闇をしばし思う。つるんとした順境の中で恵まれて過ごしてきた人には決して視えないであろう。でも、待ち続けてきた人、譲り合い我慢してきた人にはきっとその光が視えるのではなかろうか。たとえかすかな光明であったとしても。

飯盛山に心を残して、駅へ戻る。あと一時間欲しかった。あの山の天辺に非業の死を遂げた白虎隊の少年達の閑かな静かなお墓があり、線香の香りが絶えることなく漂っていた。あの夏の日の、忘れられない、忘れてはいけない光景が甦ってくる。

駅前で、母は高校生の男の子とぶつかってしまう。よくある双方共に避けようとして結局ぶつかってしまうそれ。大きく曲がったハンドルが結果的にクッションとなってくれるよう、観音さまお力添えをお願い致します。

猪苗代駅に降りると、宿の方が二人で迎えて下さっていて、まっ暗な道を六時過ぎに到着。

期待度関心度三百パーセントのお宿だから、皆の目は四方八方に大忙し。豪華なお宿に目をみはる。

そして案内されたお部屋の前で再び、「凄いねぇ」「まァ、立派だこと」と、月並みな言葉しか出てこない私達だった。和の空間に、ぐいっと心を引き寄せられてしまうばかり……。

すぐに夕食が運ばれてきた。器も盛り付けもセンスの良さに溢れていて、味わう前に一枚パチリと写真を撮る。極楽、極楽で、全身眼福、口福で極楽なり。

買物も調理も片付けも全部パス。俄か奥さまは落ち着かない。

食事のあとは、待望の露天風呂。源泉が一日中溢れ返っているその中にとっぷり浸かって空を見上げると、怖いくらい澄みきった月に、風の動きで叢雲がかかって七変化。絶景に息を呑む。

ライトアップされた大銀杏のはらはらと風に舞う様は、幻想的で魂がふるえそうだった。

温泉から出て次はマッサージ機。揉んで、たたいて、そのお上手なこと。身も心もゆるゆるとほどけてゆく至福のひと時だった。代わり番こに湯に浸かっては揉んでもらい、ふにゃふにゃになる。こんなにてんこ盛りのぜいたくをさせてもらって、観音さまありがとう。

翌朝は未明に目が覚めてしまい、再び湯に。ゆうべの風で舞い落ちた紅葉や落葉松がいっぱい浮かんでいる風流な朝湯となる。薄明かりに入り、出る頃にはすっかり明るくなって、しばしの小原庄助さんタイムだった。

朝食は八時なので、長女と散歩する。雑木林はすっかり葉が落ちて厚いじゅうたんと化していた。カサコソと、その音と感触を楽しんで部屋に戻り、目を大きく見開いた。

殿の朝ごはん！　立派な蒔絵の施された三段重に十二品目ものごちそうがぎっしりだから、眼福はもとより口福で食べてしまうのが勿体ない。いつも小食の娘が何回もお代わりをするので驚いてまじまじと見つめてしまった。

いつも粗食でごめんなさいよ。夢のような体験もこれにて終了ですよ。そういうこと。

今朝もバッチリ上天気。澄んだ大気を胸一杯吸ってお宿ともお別れだ。

九時四分に乗って昼すぎに日光に到着。めざすは家光公御廟所だ。

大賑わいの表通りの渋滞に車はちっとも進まない。これではネと奥の院手前で降り、人混みをかき分けながら二百段もの石段を上ってゆく。きつい筈なのに、うっそうとした杉木立や真っ赤な紅葉に心を奪われ、誰も音をあげない。

今月いっぱいで終了するこの初公開に、はからずもこうして皆でやって来られてラッキー。

龍宮門をくぐっていよいよご廟所だ。時の権力者とはいえ、何だか寒々と寂しい感じを受けた。勿論立派だし申し分ないのだが、私の願う幸せの本質的なものからはちょっと遠い空間に思えてしまう。

たった一人の父であり母である人との、満たされなかった魂の存在が今もかすかに立ち込めているようで切なくなってくる。ＴＶで見た尾上辰之助の家光公は、深い哀しみをたたえていてとても良かった。

奥の院を出て後、東照宮に向かう。苔むした切株の根元から遠慮がちに枝葉を伸ばし成長する若杉たち。しっかりがんばって！

樹齢数百年のこれら巨木たちは、まっすぐ天をめざしてスッと伸びていた。

たった十分遅れただけだったが、受付は午後三時半で終了していた。巡禮と同じ。深山の奥は暮れるのも早いのだ。また次の機会にとっくりと拝見しよう。東照宮はどこにも逃げない。

往きの車で言われた通り、やっぱり二ヶ所は無理だった。タクシー乗り場は遠いし歩き出す。一般道に出てバスに乗り、日光駅着。

コインロッカーから荷物を取り出し娘達とはここでお別れ。二人は今晩はユースホステルに泊まる。大袈裟に言えば、昨日とは天と地ほども違うよ、マルがひとつ多かったしね。若いうちは大いに見聞を広めるべし。何事も体験すべし。

宇都宮から順調な乗り継ぎで帰ってこれた。改札を出てお寿司を買ってタクシーに乗る。家に着くと、夫の車はもう在った。連絡を入れる間もなく乗り継いだので、お土産ひとつ買う時間がなかった。ホントごめんネ。

遅い夕食が済み、二女に電話する。「一緒に帰ればよかった——」。お宿にがっかりしているのかナ、現実はそんなもの、あしたはうんと冷え込むよ。

翌日、二人は元気いっぱいで帰ってきた。竜王峡で川下りを楽しんだと。更にもう一度奥の院と東照宮をゆっくりみてこれたと。

よかったね。めでたしめでたしの千秋楽。

西国行き前の大当たり

今週は、連日のお出かけで忙しい。今日は書類を届けに横浜へ。早めに済んだので足を延ばして子供達のアパートを廻る。

留守かと思いきや、ヌーッと息子が顔を出し不機嫌丸出しで、何しに来たのと言わんばかり。はいはい、それではさようなら……。両手一杯のおみやげを手渡し、それでもお茶一杯は出してくれたので喜んで飲み、退出する。

午後七時に家に到着。またしゃれた封書が届いていた。

幕張プリンスホテル、ディナーショー二名様ご招待。また大当たりでこわいなァ。夫に伝えること、例によって「下らんっ」。なら長女にあげよっと。私はパリに行けるだけで充分だ。

続いて「都はるみロングロングコンサート」。一月二十日だ。パリから帰って時差ボケも心配だし、母と叔母に伝えると喜んでくれたので、急ぎ郵送する。そして十二月二十日、大騒ぎに。

三ヶ日の外泊を終えた夫に付き添って病院へ。退院も間近だろうし、足取りも軽い、明日の採血の結果が昼過ぎに出るので、その数値がマルだったら午後にも帰れるはず、と勝手に決めている私。西国に行けるかな。

翌日、夫から連絡があって結果がＯＫ。よかったねぇと声にも力が入ってしまう。二時病院着。挨拶を済ませて外に出ると、やれ嬉しやで、つい顔もほころんでしまう私。夫にとってはなおさらだ。何より嬉しい「さようなら」だ。

そして、恐る恐る西国行きを告げる。今晩なのだ。

呆れるあまり、憮然とした表情の夫……。ごめんね。でも私の心はもう旅の空に飛んでいる。それにしても本当に行けるなんて。

母親に続く次姉や長兄との別れがあったこの数年、夫は多くの恐怖と戦っていたのだろう。倒れた原因は、私からみれば過労によるものとしか思えなかったのに、もっと深刻にもっと重大に受け止めたような半月余だった。

実に素直で模範的な患者だった。「はい、こっちのお手々を」なんて具合で、私は笑いをこらえるのが大変だった。六十歳になろうとする大の男が、まるで園児のようにお手々と言われて素直に従っている。いつもの、（うるさい、黙れ、くだらん）の三言亭主はどこへ行ってしまったのか。

新世紀初の巡禮へ

いつも通り来る「ながら」。ヨッちゃんの夫さんが親切丁寧にコースを組んでくれたのだ。

新世紀、新年が明けて、青岸渡寺へ行く。遠いし、不便な所だから今回はここだけ。未明、名古屋着。ホームが濡れて光っていて雨と判る。関西本線に乗り換えて亀山へ。

夜の帳に包まれていた街にやがて人の気配が増し、朝陽が昇り始めた。真正面に座り直しおごそかな初日の出を拝んだ。ずっと、朝寝してたから、これが本当の初日の出。

沿線は辺り一面雪景色で、今日一月五日小寒は暦通りの冬である。春から始まった巡禮の旅。めぐる季節を思い出し話は尽きない。

亀山から参宮線に乗り換えて多気へ。ここから特急南紀一号で紀勢本線に入ってゆく。随分古びた車両で、マルひとつ違うけれども「ながら」の方がずっと快適。複雑な気分だ。

途中、日本一美しい（というキャッチフレーズの）浜辺があって、深いマリンブルーの海の色と白い砂浜が大きく弧を描いていた。絵のような景色だが、二人とも幸せそうに夢路を辿っている。帰りも通るし、起こさない。食い入るように眺めたそこは三重県・新鹿《あたしか》。

日本海といい、ここといい、辺境ゆえの言葉にならない手つかずの大自然がそっくりそのまま残っていて、例の原発とからめて思うこと多し。白黒簡単に答えが出るわけではない。

トンネルを幾つもくぐって紀伊国。明るい陽光ときらめく海原に心もパーッと晴れ渡る。春三月の頃の気候で暖かかった。

十一時半、紀井勝浦着。バス停に向かう。満員の乗客を乗せてバスは一路那智山へ。どんどん登ってゆくと『熊野古道入り口』のバス停があった。一度歩いてみたい石畳の道で、チラチラ目をやりながら、やがて終点着。店先の杖を借りて、五百段の石段を上ってゆく。

第一番札所　那智山青岸渡寺

山の冷気は厳しくてツーンと突き刺すよう。それでも観音さまに会うためにハァハァ息をはずませながらようやく本堂にたどり着く。口と手をすすぎ、含んだ水のおいしいこと。ピュアな味がほてった体と喉を潤してくれた。

ここは、推古天皇勅願の古刹とあって、重厚で堂々とした構え。威あたりを払う、の言葉通りのお姿だった。

お参り、納経となる。天辺中央に、菊のご紋のご宝印を丁寧に捺して下さった。鰐口を打つ下げ緒を十二分に引き寄せて三回打ち鳴らし、その静かな余韻を味わった。

次は、天と地を垂直に結ぶ直下三千丈、百三十三メートルの那智の滝へ。折しも新春の太陽が射し込んできて滝口のあたりに俄かに七色の虹！　周りから歓声が上がった。

書寫山の帰りにも大きな虹を見たが、何度見てもその雄大さ美しさは格別で息を呑む。谷底から吹きつける寒風に身をすくませて、一枚撮る。水筒には先程の名水がたっぷり詰めてあり、隣の那智大社へ向かう。

まだ午後一時を過ぎたばかりなのに、早くも山の陽はずんずん落ち始め、薄暗く仄寒くなってきた。運転手さんに勧められた通り、予定を少し早めることにする。

那智駅からきのくに線で新宮へ。そこからは名古屋めざして一直線。

旅上手になってきて、今回はひとつの失敗もない。

私達は、一応「行《ぎょう》」として観音さまを訪ねているつもり。それがこんなにも楽しいなんて、これ即ち「行楽《こうらく》」？　では「観光」とは？

質素な分、心は充分満ち足りて、この「18きっぷ」の旅にすっかりはまっている。

眼《まなこ》に光を、心に錫杖《しゃくじょう》を授けて下さるという観音もうで。一月六日早朝、自宅着。

パリ行きを告げ、夫を呆れさせる

夫に休みを取ってもらうべく、しばらくの間、行動を共にする。「来なくてもいいんだ」から「来るな」に変わるまで傍にへばりついて、昼休みもしっかり取ってもらい日曜日もちゃんと休んでもらわなければならない。

夫はただただ一心不乱に働いた。土日も無しに働いた。

救急車を呼んだあの日、病院を四ヶ所も廻り、半月余の入院生活と相成った。仕事の区切りがつくまでは、と退院させてもらったが、痛みに顔を歪めお腹をおさえつつ復帰した。責任感が先に立ってしまい、じっと養生なんてしてくれない。じゃまにならぬよう、そおっと傍にいるだけだ。

七対三で諦めていたが、娘達が強く背を押してくれたので、鏡開きの日に思いきって、「パリに行かせてもらいます」と切り出した。またもや呆気にとられた顔を拝見する。ごめんね。でもやっぱり行きたいパリなんです。

パリへ行く

一月十二日（金）大安。目覚まし時計に頼ることなく、パッと起床。仕度を終える頃、夫が起きてきた。お茶を淹れ、あとはお任せで「行ってまいりまーす」一段高い声で、あさっての方を向く夫に告げる。

こんな私に、それでも夫はお小遣いを弾んでくれた。お金は要らないけれども、その気持ちがすごく嬉しい。留守中は娘達が交代で夫をみてくれる。有難いことだ。よろしくね。

八時の快速で成田空港第二ターミナル1カウンターを目指す。添乗員さんに挨拶後、チェックインを済ませVIPルームで全員が揃うのを待った。

全国各地から集まって、本日は私達三十一号車ともう一つ三十五号車の計六十名。三越の担当者が至れり尽くせりでお世話して下さった。やがて、定刻通り十時四十分

ＪＡＬ四〇五便は飛び立った。

真正面に筑波山。見慣れた双峰に目をやり、この旅の安全を祈願した。

日本海上空、オホーツク海、ハバロフスクと過ぎてシベリアに至ると、凍れる大地がどこまでも続き、寂しく冷たい風景に圧しつぶされそうになる。眼下に広がるツンドラ地帯は、物言わぬ強さで私に迫ってきた。

そこからは、まるで時間が止まったようで、ただただ分厚い雪雲のじゅうたんが続き、とてつもない量と判る。この雲の下で、人々は来る日も来る日も暗い冬を過ごしている。天上は青空で黄金色で暖かく輝いていた。

西に向かう飛行機はずっと太陽を追いかけているので、いつまでもまぶしくて眠るどころではない。観音さまと一緒に旅をしている。

十二時間余りの飛行時間だった。お昼が出て、おやつが出て夕食が出て、よく飲みよく食べた。

窓から見える景色は、やがて北欧の湖沼群に始まって人の気配が少しずつ感じられ、ほっとする。ストックホルム、アムステルダム上空と通過してゆく。オランダは、干拓地がきれいに広がって、緑と茶色の美しい彩りだ。生きるには、この色がなくてはならない大切な色。緑の大地、太陽と水、そして風。

フランスが見えてきた。童話のさし絵のような愛らしい建物が目に入り感無量……。とうとう来てしまった。

シャルル・ド・ゴール空港に降りて通関後、迎えの車中でレクチャーを受け、四十分後にホテルへ到着。


―二日目―

七時にモーニングコール。フランス語は全く判らないから、最後「ありがとう」でお終いだ。教わったボンジュールなど思い浮かばず。

食堂にゆく。手にしたクロワッサンは温かくて甘くてふんわりとおいしかったし、ショコラもコクがあってコーヒーよりも口に合う。

荷物を手にホールに行くと私達六十名の他に、前日出発した一団もいて、つまり百名以上の日本人が泊まっているので騒々しい。

案内されたバスに乗る。坂を下るとそこはセーヌのほとり。セーヌとは「蛇行」の意味と。巳年の今年、新世紀新年の節目にパリに来られてとても嬉しい。

冬の欧州は曇天と、当然のように考えていたが見上げる空は快晴で雲ひとつ無かった。パリは一方通行の街だから、バスは大きく迂回しながらポン・ヌイイを過ぎ凱旋門、シャンゼリゼ、エッフェル塔と廻ってゆく。ここで記念写真。正面はフランス陸軍士官学校なり。

カメラマン氏は流暢な日本語で「料金は百フランです。前払いでお願いします」どっと笑い声が広がった。

コンコルド広場へ行き、パリ市庁舎へ行く。何とも風雅な建物で、このような歴史的建造物の内で実際に行政が日々続いていることに目を丸くする。いいねぇ、何て羨ましいこと。

日本ではお城を市役所にするなんて有り得ない。勿体ないが先に立って、蔵《しま》うことばかり保存することばかり。だが用の美、やはり使われてこそとも思う。絶えず手を入れ、大切に扱うことは大変すばらしいのでは？

次は一番見たかった「ノートルダム大聖堂」。この意味は「我々のマダム（貴婦人）つまりマリアさま」とか。この国の至る所にあるノートルダム聖堂は、みな聖母マリアを崇め慕った証ということで、私も十フラン献灯した。多くの人々が祈り仰いだステンドグラスや宗教画に囲まれた空間の心地良さは格別だった。

パンも葡萄も神と共に口にする聖なる食べ物であり決して粗末にしない。日本なら、ご飯と清酒ということか。飽食ニッポン、ぜいたくニッポン。上野の山にも隅田の川辺にも切ない人が大勢いるのに、情けの回路が細すぎる。どこかで何かがまちがっている……。パリに来て思うあれこれだ。もう自分のことだけ考えて生きていてはいけない。ではどうしたらよいのか、答えがみつからない。

「パリ・三越」に案内される。ここで解散だ。家族への土産をいくつか、他に自分用として記念にアビランド社製のすみれの香合をひとつ加えた。

帰り途は、ヴァンドーム広場を通り抜けて、チュイルリー公園を横切って、対岸にあるオルセー美術館に行く。パリの中心部だから、どこをどう歩いても楽しい。娘の言う「山手線の内みたいなものだから判り易いよ」の言葉を念頭に存分に歩き回った。

―三日目―

親しくなったUさんと散策する。日曜日なので辺りの店はみんな閉まっていた。安息日なり。日本だったら？　日曜日は店を開ける。でもこうして静まり返った通りをぶらついていると、まるで中世の街に紛れ込んだみたいで、すごくいい気分。本日も晴天なり。

マルシェ（市場）があって彼女はお買物。丸々と真っ赤なトマトが二個で四百フラン、八百円くらい。高いけど、ずしりと重く農業国フランスの面目躍如だ。他にも手袋やアニマル柄のスパッツやらを両手一杯に抱えている。私は目だけのショッピング。午後ホテルに戻り、併設のショッピングセンターで昼食を購入。お腹が一杯になりお昼寝とする。今朝早く目が覚めてしまい寝不足だった。うとうとしていたら、Uさんともう一人が早めに戻ってきて三人でおしゃべりタイム。

皆一人参加で、各々予定が違い、話題は尽きず笑い通し。まことに静かないいお正月。四人でスーパーに行く。フランスのおいしい岩塩が欲しいが、言葉が判らない。

塩胡椒を振る真似をするが勿論通じない。うーんと唸ったUさん、顔中くしゃくしゃにして「しょっぱーいっ」と叫んだところ、「ウイ」と通じてしまった。四人で一斉にワーッと喜んだ。似たり寄ったりのボディランゲージフル活用のジャポネ／ジャポネーズが大勢いたというわけだ。

水はミネラルウォーターでは多分ノンだ。ほらっ、フランス産のあれっあれよ……。どうしてもその固有名詞が思い出せない。誰かが声をあげる。イントネーションは違ったが「エヴィアン？」と判ってくれて、これまた必要分は確保できた。オバサンは強心臓で突破する。何とか通じてしまい、みんなで大喜び。

レジもそうだった。離れた別の台に案内され、慣れない硬貨のやりとりを助けてくれた。道に迷えば一生懸命説明してくれて、通じたとたん飛び上がって喜んでくれる。ラテン系のノリで対応してくれるので、不快な思いなどせずじまいだった。

ひるがえって思う。果たして自分はどれだけ親身になって外国人に接したか。誠心誠意、人間として行動できていただろうか。考えると、つくづく恥ずかしいことばかり。

―四日目―

昨夜は仙台から来た美人さん達と六人で、ホテルのレストランでおいしい肉料理を味わった。朝、食堂で会ったので手を挙げる。

パリの朝はまだ真っ暗で、こちらの八時は日本の六時くらい。毎朝明けきらない外を眺めての食事で味気ない。やっぱりお天道さまと一緒が一番だ。

夜の長いヨーロッパは、だからお酒、食事、パーティと社交が洗練されたのだろう。でなかったら退屈すぎて苦しくなってしまうかも。

片や日出ずる国ニッポン。陽光を始め、豊かな水や四季に恵まれて、それが当然と生きてきた。だがそれは、この広い地球上で奇跡のようなことかもしれない。

Uさん、Mさん達とタクシーに乗る。基本的にこの国では助手席に客を乗せない。私達は四人だからと、何とか無理を承知で押し通す。

シャンゼリゼは大層美しい。並木も格別。でも、まだ通りは夜の続きで群青色。ヴィトンでお買物をするUさん。私はブランドにはご縁がないが、場違いを承知で一緒に行列に並んだ。あとにも先にも決してないであろう体験だ。星を仰いでの行列で、寒さで歯がガチガチ鳴る。パリっ子が急ぎ足で職場に学校に向かってゆく。何だかさらし者みたいで嫌だな。

待ちくたびれて帰りたくなった頃、ようやく開店した。人数を制限しながら少しずつ捌いて、店内に入ってもまた行列。一人ずつの対面販売だから非常に時間がかかった。いくら割引があったとしても行列なんて私はちょっと……。

ここでUさんと別れ、Mさんの案内でラーメン屋さんに行く。激辛、カレー、正油を各々注文してお腹がいっぱい。実においしかった。風物はともかく、食べ物で私は海外旅行がつらくなる。長期の滞在なんて、とても無理。炊きたてあつあつのご飯と歯ざわりのよいお漬物が恋しいよぉ。

そして、ギャラリー・ラファイアットに向かう。このデパートはまるで劇場。豪華でおしゃれで天井に目が吸い寄せられる。見事な丸いドームは西洋とアラブ、二つの文化の合作のような不思議な雰囲気を醸し出し、見ているだけで想像力がかきたてられた。

日本にも昔はそういう良き名残があった。紙と木と土で造られた家屋は陰影に富んでいて、辛抱も奥床しさも譲る心も育まれてきた。今の日本人は心に着物を着なくなって裸形をさらし、損得だけで行動している。一体どうしてこうなってしまったのだろう。金銭面だけ堆く積み上げて心がどんどんやせ細ったこころ貧乏の私達。日本を離れて、見える物も違いもさまざまに感じられる訳で、旅に出るのは何よりの心の妙薬だ。来てよかった。観音さまは三十三の姿に化身して「よく見なさい、よく考えなさい」と教えて下さっている。

―帰る日―

四日間の旅はあっという間、今日でお終いだ。午後二時出発なので、先日苦労したルートを歩いてみることに。三氏が加わって五人で出る。男の足は速い。私達は時々小走りになりながらついてゆく。連日遅い夜明けと早い日没にふり回されたけど、この時間帯なら東西南北よく頭に入ってバッチリだ。

オルセー美術館からの帰りに地下鉄に乗って驚いた。東京の地下鉄とは雲泥の差で、汚いし怖いしで、Oさんに目配せをして、ぎゅっと身構えた。だが、乗り換える電車を間違えて大慌て。逆方向のバスティーユ、フランクリンへと向かっていた。うわっ、大変！　と飛び降りて反対ホームにかけこんだ。三十分以上も気付かずに乗っていたから、着くべき駅に着いたら夕方の六時過ぎ。まっ暗な人工都市は、人々が既に仕事を終えて一斉に引き上げてしまい、ガラーンとしていた。

読めない話せないフランス語に加えて、判りにくい地図、もうお手上げだ。交番も無く、TAXIの表示を頼りに人っ子一人いない地下に降りてゆく。恐怖そのものだった。ぐるーっと大廻りしてホテルに着いた時、体中から力がぬけた。

今、この明るい時間に地図を広げると、何のことはない、ほんの近くの距離だった。Oさんと顔を見合わせる。あの時途方に暮れて眺めた回転木馬は忘れられない。今は人波で活気溢れるこの駅前広場を元気よく歩いた。

新凱旋門に登る。チケット売場では日本語で応答してくれて、私達も「ウイ」と返す。朝のパリはセーヌの川面から立ち昇る霧に包まれておだやかな冬の一日が始まった。何も彼も霧の彼方にかすんで幻想的。もう一度来るからね、きっと来るから。メルスィもボンソワールも使いこなせなかった短い旅だったが、この国で娘は三年間暮らしていた。随分泣かせてしまった。心ない言動ばかりくり返してしまった。

フランスなんて大嫌いとくやし泣きした、かつての日々はもう彼方に遠ざかり、私はこの国が好きになった。そして日本はもっと好き。

子供達にうんざりされないよう、今からでもよい、さらりとスマートに生きなくては。

この世で結んだせっかくのご縁だもの。大切にしよう。

生まれる時や場所は自分で選べないけれど、生きてゆくこと、即ち死への道は自分でしっかり選びたい。幸福とはそのことと深く結びついていると、私は確信している。

ＪＡＬ四〇六便は、夕闇のなか、日本めざして飛び立った。

さようならパリ。ただいま日本。大寒波と豪雪にふるえあがる母国に一月十七日夕方に到着。

春の椿事と観音正寺への道

春が来て、いつもの「ながら」に乗る。アナウンスが流れ「車内放送を中止します」というアナウンスが流れ、続いて「業務連絡です」と断りが入って、意味不明の隠語が流れ、熱海に停まった。

異様な長さの停車に車内がざわついて皆がそわそわしだした頃、「車内点検のため、荷物を持ってホームに出て下さい」と、又アナウンスが流れた。一体何が起きたのやら。

「お急ぎの方は、臨時電車が間もなく入りますので、乗り換えて下さい」

臨時電車は先に出発していった。

どうやら爆発物を仕掛けたという電話が入ったらしく、警察官が念入りに調べている。一時間ほど経って、ようやく元の席に戻れた。どうやら犯人は指定席券を取れなかった腹いせにこんな騒ぎを起こしたらしい。

やがて電車は出発。富士駅に着くとホームは人でいっぱい。熱海で先に出たこの臨時列車にも同様の電話が入り、私たちが乗った電車と同じ流れとなったようで、再び大勢の人が乗り込んできた。

椿事の多い春だけど、迷惑行為は困ります。

いつものように大垣で乗り換えて、能登川駅で降りる。バスに乗って、登山口近くで降り、「観音正寺十三丁」と彫られた石標を見つける。両側から迫る熊笹をかき分けながら登ってゆく。枯れ枝を杖代わりとし、汗びっしょりで春のお山を登ってゆく。誰一人として登る人の無い寂しい山道ゆえ、必要な物だけ持って、あとは全部途中に点々と置いて、息を切らして登ってゆく。

それにしてもまぁ、お山の険しいこと、きついこと……。なおも登ると次第に見晴らしが良くなって遙か彼方に展《ひら》ける光景。見下ろした蒲生野の春景は淡く霞をまとってどこまでも続き、額田王《ぬかたのおおきみ》の時代そのままだ。ここで、「茜さす紫野ゆき〜〜」と詠った額田王は二人の皇子を両手に乗せて、何とまあぁ華やかでオープンなお方である。おおらかな万葉びとの時代を想って、私達の心ものびのびふくらんでゆく。

あの信長さんも、多分この辺りを馬で駆け回っただろうし、この山道も上ったかもしれない。万葉から戦国時代へと、勝手に時空を超えて進んでしまう楽しいひと時なり。まんさくの花を眺め、一時間ほどかかってようやくお寺に到着。

第三十二番札所　繖山観音正寺

八年前に火災に遭って只今修復中だから、数年後でないと観音さまにはお目にかかれない。

白檀の香りが清々しい観音さまに会いに、もう一度来なくては。

駐車場から白装束姿の巡禮さんが次々に現れて朝のご挨拶を交わした。参拝を済ませ、パラついてきた雨を気にしながらお山を下りてゆく。登るよりも下りる方が大変で、用心しながら、でも足取りは速くなる。途中に置いていった荷を回収しながら、ようやく麓に到着。

バス停で待っているとタイミング良くバスがやって来た。雨脚は一層強くなり、窓打つ雨はもうどしゃ降りだ。今朝も観音さまは私達のお参りが済むのを待ってて下さった。いつも本当にありがとうございます。

次は岩間寺。毎月十七日はご縁日なので、お寺直行のバス便有り、ということで本日メインのお寺なり。

観音さまのご縁日は、十七日と十八日の二日ある。息子が十七日生まれなので、私はすごく嬉しい。観音さまの申し子だと勝手に思って喜んでいる。そんなことを口にしたら、きっとまっ赤になって怒るに違いない。だから、お口チャックで澄ましている。

満員の乗客を乗せてバスは走り出す。やがて上千町バス停が近づいてくる。十七日以外はここから一時間ほどの距離を歩いてゆく。こんな空模様の日には、あなた任せでゆらゆら揺られ、居眠りしそうないい気持ち。何て幸せな道中か。

十二時十五分お寺に到着。帰りは十三時三十分出発だから、ゆっくりお参りできる。

第十二番札所　岩間山正法寺

ここは小ぢんまりとしてなごやかな雰囲気のやさしいすてきなお寺さんだ。しとしとと小雨が降り続く雨の観音詣でとなったが、今日は日本全国雨なのだ。仕方がない。

お参りをしてろうそくを灯し、納経も済んで帰ろうとしたら、左の方から野太い読経の声と力強い太鼓の音がズンズンと響いてきた。何だろうと廻ってゆくと、不動堂の中でお護摩を焚いている最中だ。目が合ったとたん、（お入りなさい）のアイ・コンタクト。えっいいの？　と訝しみつつ、高野山での体験があったからコクンと肯いてしまい上ってゆく。（どうぞ、どうぞ）の目の案内に従って奥に座らせてもらい合掌していたら、どうやら般若心経を唱えている。すぐさまお経巻を広げ大きな声で唱和する。力を込めて唱和する。何て気持ちが良いのだろう。内なる悪の解毒作用。あの、腹のどまん中に響く太鼓の音は「まっすぐ生きよ、気持ち良く生きよ」と鼓舞してくれている。母と何度も行った成田山大本堂を思い出す。ノーマクサンマーダ……。

何度も何度もくり返し唱え、隣の人が立ち上がったので私達も失礼しようとしたら、入り口近くにいた係の人が「おさがりを頂いていきなさい」と呼び止める。何かなと立ち止まると、傍らの箱を引き寄せて、「好きなのをどうぞ」と勧めてくれた。

ヨッちゃんが「緑」と言うので私も緑をもらう。アッちゃんは黄色。すると係の人は、「緑の人は東の玄関に、黄色の人は家の中央に」とおっしゃったので、陰陽五行と判った。

今日もまた思いがけないご縁にぶつかってゆかりのお品を頂いて嬉しい。三人ではしゃいでしまう。紙切れ一枚でこんなに喜んでしまう単純な私達は、実は本当の幸せ者でもある。にこにこ歩く帰り途、『芭蕉まつり』とあって参拝記念にぜひ一句と呼びかけている。俄か俳人達は迷句を一句投句する。

バスはもう満員で、ガラス窓はすっかり曇っていた。外は小雨に煙り、折角の景色も全く見えない。ああ残念。

平坦地に出ると、瀬田川の流れが目に入り、ほっとする。水量は豊かで岸辺の緑も美しい。

石山寺でバスを降り、境内に入ってゆく。昔、来ているはずだが、全く思い出せない。若い時は一体何を見ていたのやら。歌詞の通り、若さというのは無残で無茶苦茶で苦い苦いことだらけ。

第十三番札所　石光山石山寺

紫式部はここで源氏物語を執筆したそうだが、あの無常観は今も昔もこの先も、ずっと変わることなく、くり返されてゆくのだろう。

式部さん、キャリアウーマンの先陣を切って生きてこられた胸のうちを、想いのたけを全てお聞かせ頂きたいものです。

硅灰石のどっしりとした存在の重いこと。

参拝を済ませ、見事なお庭をぐるっと回って奥まで行くと、そこには梅、桃がピンク、白と咲き競っていた。雨の中でぼんやりけむって幻想的。天気さえよければ、ゆっくり座って眺めていたいけれど、何しろ寒くてそれどころではない。四阿をみつけてお昼にする。

香り高い浅漬けが食欲をそそり、朝食に続く姉さま達からのお福分けに与れておいしい、おいしいを連発する。センスの良いお弁当を、じっくり味わった。

私も、ぼた餅の真似事をしたものを持ってきた。が、薄甘にしたので大失敗。うんと甘じょっぱくしないと、とてもじゃないが食べられない。一つ学ぶ。

リュックの中をがさごそ探していたアッちゃんが、「あった、あった」とホッカイロを三個取り出して分けてくれる。腰のまわりがほっこりとぬくもってきて、とってもいい気持ち。少し元気が出てきました！　姉上さまの気配りに大感激。省けるだけ省いて最小限の荷物だけの私と違い、二人は用意周到、万事ぬかり無しの主婦の鑑である。私はいつも助けられてばかり。手抜きだけは誰にも負けないが、そんなことは何の自慢にもならない。

さて、次は圓城寺。タイミングが悪くて何度もバスを見送るドジぶりはここでも健在で、仕方なくてくてく歩いてゆくと、左前方に電車が止まっている。思わずかけ寄って尋ねると、「今すぐ出るから、切符は中で」と促され、飛び乗った。車掌さんに質問攻めの結果、ルートを変えてこの京阪電鉄で三井寺へとなる。

私達が持っていたガイドブックはＪＲ西日本発行のものだから、私鉄に頁を割いてくれておらず。東京は地下鉄を、関西は私鉄を上手に乗りこなさないとダメなのだ。それだからいつも慌てた挙句のトホホ旅、珍道中となってしまう。けれどもそれがいつしか実に楽しい旅になってしまう不思議さ、面白さ。不自由を旨とし、不便や無駄を承知でのんびりゆっくり雲の遊子の私達。つきとばされようとひっくり返されようと、それでも楽しい私達。

電車を降りて、左手に琵琶湖疏水の流れを見つつ、真正面にそびえるお寺の屋根を目標にゆるゆると上ってゆく。

観音堂の真下からはきつい鋭角の石段で、一歩また一歩と、ひいひい言いながら亀の歩みで上ってゆく。

第十四番札所　長等山圓城寺（三井寺）

何といっても朝一番の山登りが効いてしまい、左右の足がちっとも上がらない。やっとのことで登りきると、大きく視界が広がって、春の湖が目の前に豊かな水量を湛えて現れた。その荘厳な眺めに声もない。

何てすばらしい光景か。何に例えればよいのだろうか、おごそかで、神秘的で、雄大で豊か。乏しい言葉はすぐ尽きる。

鐘楼があって、「これが晩鐘？」と納得がいかぬまま撞いてきたが、今、手元にある栞をよく見ると、大間違いもいいところ……。アッちゃんが「あっ、この道に見覚えがあるっ」と、修学旅行を思い出していた坂道のその先に、本堂も有名な晩鐘もあったのだ。

知らぬが仏を地で行ってしまった。両手を合わせたあの建物の扁額に『本堂』とあったのを三井寺そのものと思い込んでしまった。

正しくは『観音堂の・本堂』だったわけ。笑われてしまうが、当初の目的観音参りはちゃんと出来ている。くたびれきった私達の体力に合わせてこちらに導いて下さった、ということにする。

京都駅ポルタで夕食を済ませ、いつものように「ながら」に乗る。

〝父の愛〟を思い出す

平成十三年四月八日、「ながら」に乗る。検札が入る。それも各駅毎に。空いていた席に人が座るとすぐだから、万全のチェック体制だ。前回の事件の影響か、新米の車掌さんはきっちり仕事をこなしている。

大垣から網干行きに乗り換えると、前の席に座っていた八十歳過ぎの、実に若々しいご老人と話が弾む。一人で自由に「18きっぷ」の旅三昧。

自由、それこそが最大最高の幸せの源。心と体をときほぐし、瞳の輝く暮らしこそ人類永遠の願いであり、憧れであり、課題である。

躾という美名のもと抑圧され、寄り道もせずぼんやり生きてきた私だが、火のように激しく心の裡に灯し続けてきたそれは自由への憧れ。それなのに、いつの間にかびっしりと強固に封建的な考え方が身にしみついてしまい、お定まりの子らとの確執に次ぐ確執……。

真剣に考えようともせず向き合おうともせず、実に安易に生きてきたツケの大きさといったらなかった。子供達にズタズタに切り刻まれたとそう思ってさめざめと泣いた日もあった。一通り涙も涸れて、ようやく自分が見えてきた。遅い目覚めだったけど今なら判る。全て、自分を甘やかして生きてきたということが。

子供達にはすまないことばかりしてきた。黙って待つ、それが親の仕事なのに、それしかないのにジタバタ大騒ぎばかり。いつも自分のことしか頭になかった。

夫は違う。十歳で父親と死別したから、その時から大人にならざるを得ず自立していた。甘えず頼らず、それでいて実に細やかに、相手に気付かれぬよう、そおっと動くのだ。

父もそうだった。怒られたことはなかったのに。不遜にも物足りなく思う日もあった傲慢な私に、十八年前のあの日手紙を添えてお金を送ってくれた。住宅ローンを組んでキチキチの暮らしが始まった頃だった。私の目は勿論のこと心もきっととがっていたのだろう。長女への影響を心配して、豊かでもない中から、真情あふれる便りと現金を送ってくれたのだ。私はこらえきれずに声をあげて泣いた。

思えば、父からのたった一度のその手紙は、以後心が圧しつぶされそうになる度、どれだけ救われたことか。読み返せばなぜか心が落ち着いた。まっ直ぐな思いがまっ直ぐに私に届いた。

そうして父に守られ夫に守られ、ぬくぬくと当然のように生きてきた自分が本当に恥ずかしい。父も夫も人間として生きてきた。私はまだまだただの女でしかない。人間らしく生きなければ、この世に生を享けた意味が無い。

その父は、二女十九歳の誕生日にこの世を去った。私は何年も立ち直れなかった。

第三十一番札所　姨綺耶山長命寺

今日は、八百八段の石段をひたすら上る長命寺へ。のどかな田園地帯をバスで行く。私達の他には誰もおらず貸し切り状態で申し訳ない思い。モータリゼーションの光と影をここにも見る。

苔むした趣のある山路を上りながら、一枚また一枚と脱いでは路傍にチョンチョン置いてゆく。だって、誰も来やしない。皆、車でヒューッだもの。

ゆっくりゆっくり上ってゆくが、汗びっしょりになり、「きついねぇ」しか出てこない。山門は一体どこかいな。随分上ってきたけれど、数えてないから判らない。ため息まじりにふと足を止め見上げると、左前方からすっと人影が現れた。富村さんが言っていた「車で行くと楽」の駐車場に違いない。なら、あと少しだ。そおれっと最後の力を出しきってこの寺名にあやかりたい一心で黙々と上ってゆく。

千八百年も昔に、こんな高い山の上にお堂を建立した人々の情熱に、心底恐れ入る。

ようやく本堂にたどり着く。

お参りが済んで、見晴台から眼下に広がる湖岸の景色をゆっくり眺める。薄く春霞がたなびいて、絵心のない身が残念だが、その心にしっかり刻みつけ、うっとりする。

命長ければ即ち恥多しと言うけれど、それでも長生きはしたいもの。こんな眼福を頂けるのならば。

お山を下ってゆくと、あとからあとから大勢の人が登ってきて、そのあまりの人出にびっくりする。いつも静かな、というよりは寂しいほどの山登りばかりだったけど、今日のように日曜日、上天気、花まつり、最後の桜と四つも重なって、このお山は善男善女で大賑わい。見ているこちらもウキウキしてくる。

バスの出発まで、湖畔でティータイム。米屋のお菓子を分けてあげるね。猫好きではないけれど、すり寄ってこられりゃ仕方がない。春だものねぇ、ニャンコちゃん。風がうまいねぇ、ニャンコロちゃん。

近江八幡駅に戻り、次は山科へ。Fさんの故郷だ。バスは醍醐の花見に行く人で身動きもままならず。おまけに初夏を思わせる陽気だからたまらない。汗をぬぐうことさえ出来ずぐったりしていたら、誰かが補助窓を開けてくれて、まァ嬉しいこと！全てこれ気遣いね。周りを思うほんのちょっとの行動で、大勢の人の心がふんわりやわらかくなってゆく……。

第十一番札所　深雪山醍醐寺

三宝院前で下車して太閤行列を見ることに。人混みとほこりと暑さのなか、勅使門近くで一時間余り待った。そこが傾斜地の土手だったから、ぎゅっと足に力を入れて踏んばっていたため、かなり体に負担がかかってしまう。

花踊りの連がようやくやって来た。背伸びして見る。きれいにお化粧はしているもののの、年増や大年増の姥桜ばかり……。男ではないけれど、やっぱり若い娘さんじゃないと、ちょっと物足りない。若さと元気がほしいのだ。こんな場面でも少子化のあおりを受けている訳で、日本全国みな同じ。未来は暗いなァ。楽隠居はしばしお預けで、私達中高年は若い人達のためにも、後方部隊でもう少し支えてあげなくては……。

いよいよ重い門がギィーッと開き、行列のお出ましだ。見物客が一斉にざわめき始めたのでアナウンスの声が聞きとれない。人垣に阻まれてちょっとしか見えない。風が吹いて、傍らの枝垂桜がハラハラ散り続け、幻想的な花吹雪にみとれた。

さて、いよいよ山登り。ここは施福寺と並ぶ難所である。もってこいのハイキングコースなのか、この参道は人でごった返していた。ずっと立ち通しだった私達は足腰に力が入らない。のっそりのっそりへなへな状態だ。

まずは休もう、とお昼にする。私はお握りを四個も口に入れびっくりされたが、昔からやせの大喰いだったよ、知らなかったの？

道標を見ると、このお山は全二十丁。三人でお～～っと切ない雄叫びを上げる、いや悲鳴だ。二・三キロの距離だが、七丁あたりでギブアップ。果たして登れるのか不安になった。

よその皆さんは平気な顔でスイスイ登ってゆく。それを見てこちらはますます足が重くなる。

おいしい水で喉をうるおし、あと三分の二、あと五分の一と励まし合って、口も利けぬ程へとへとになって、辛く厳しい山登り。参った、参った。本当に参ってしまった――。

午前と午後と、きつい所を同じ日に二ヶ所も回ったのはちょっと無謀すぎたのだ。若くもない身にきつすぎた。ようやく醍醐水の前へ。たっぷりと喉をうるおし、ひと息入れて後、重い腰を上げ最後のきつい石段を上りつめると、本堂が目の前に現れた。

やれやれ、やっと観音さまにたどり着いた。よくぞここまで来られたこと。喜びも一入《ひとしお》だ。

こんもりと深い緑に包まれて、大変落ち着いた風雅なお寺さん。あれほどつらかったのにもうすっかり忘れ、もう一度来たいなと思う私だ。

誰にも邪魔されない、奪われることも減ることもない宝を胸に……。我が思いに耽っていられるこの無心で登るプロセスこそが、幸せであり喜びである。静かに丁寧に心をふくらませてゆく、それが生きるということだ。

下りはさすがに順調で半分ほどは軽い足取りだったけど、もう体力は殆ど残っておらず、結局五十分もかかって麓に着いた。

夜はいつものからすまホテルに泊まり、丹念に足をもみほぐしリラックス。いっぱいおしゃべりする筈が、いつの間にかバタンキュー、三人揃って枕を並べて討死にだ。でも、一晩ぐっすり眠ればもう大丈夫。幸せな眠りを貪って夢ひとつ見ることなくすっきり目覚め。

朝食をしっかり食べて、いよいよ西にひとつ残っている清水寺へ行く。

尼ヶ崎、三田と乗り継いで、福知山線相野で降りる。バスターミナルに行くと、今出たばかりで次の出発まで二時間以上もある。仕方がないのでタクシーに交渉し、待ち時間を除いて往復してくれることになる。

山の桜に野の桜。淡い花色の続くなか、どこを向いても心が晴れる。春はやっぱり桜色。

第二十五番札所　御嶽山清水寺

境内に入ると、右手には見事な水仙の群生で、風にゆらゆら揺れていた。

お参りを済ませ、般若心経が彫られた太いろうそくを一本購入する。盆と彼岸と命日に明々と灯し、ご供養する。

清潔で美しいお庭も歩かせてもらえたし、駐車場に戻って再びの相野駅へ。気にかかっていたあの一乗寺の位置を確かめたら、どうやらガイドブックがまちがえていたようで、千円で行ける距離ではなかった。納得する。

次は花山院。三田で下車してバス停にゆくとやっぱり同じパターンで、タクシー利用となる。受付時間を考えると、今日はこの沿線を済ませたい私達。

お気の毒な花山院最期の地である花山院。十七歳で即位して皇子誕生と共に追い落とされ数年後落飾。虚しさを胸に、愛馬に揺られての観音もうではいかばかりだったことだろう。

悲しみ苦しみ挫折失意、それらあまり嬉しくはない辛い出来事は、だが人間に深みと奥行きを授けてくれるのではなかろうか。その大変さを強い意志で受け止めた人だけが手に出来る一滴の甘露だと思う。そういう人は強い。そしてやさしい。甘やかした時が終わりの時。人生とは誠に孤独なひとり旅。思えば寂しいものがある。

目の前の有馬富士は、童話のさし絵のような愛らしさでちょこんとそびえていた。

番外札所その二　花山院

ここは大層清々しく簡素、品格漂う静かなお寺さんで、その佇まいに非常に心魅かれた。

次に来る時は、用意した死装束の長襦袢を持ってこなくては。背中に大きく『南無大慈大悲観世音菩薩』と記してもらうのだ。

お参りを済ませて後ろをふり返りながら、駐車場へ。駅へ向かう道すがら急遽話がまとまって、このまま中山寺までお願いする。間道を伝い宝塚の華やかな街を抜け、午後三時前には着きそうだ。もうひとつ回れるかもしれない。

中山寺の門の前で降り、しばしお待ち頂く。

第二十四番札所　紫雲山中山寺

ここはパーッと明るい雰囲気のお寺で、女性が多くお宮参りの人も大勢訪れていた。エスカレーターもあるので、足の不自由な人も参拝出来る。

毎年七月、ここ中山寺に三十三体の観音さまが降りてらっしゃるという星祭りでも有名だ。随分ロマンチックな観音さまだこと。

待ってもらっていたタクシーで中山駅まで送ってもらい、サービス満点の運転手さんともお別れだ。

次の札所、総持寺へ向かう。上手に私鉄を乗り継いで、ギリギリセーフですべり込む。

第二十二番札所　補陀洛山総持寺

受付時間内に何とか間に合い超ラッキー。お参りを済ませ境内をゆっくり回る。おびんずるさまを撫でて、おツムも根性も良くなりますように、相変わらず厚かましいお願いをする。ゴーンと夕方五時の鐘が鳴り、うっとり耳を傾けた。いい音色なり。ひと足早い夏の訪れできつかったが、元気一杯で「ながら」に乗る。

長女とのバス旅行

日帰りバス旅行に当選し長女と山梨へ。一宮の桃園で記念写真を撮りおいしい桃のソフトクリームも味わった。今夏の酷暑に音を上げ、まっ先にバスに戻ってほてった体を冷やした。

昇仙峡は奇岩が続く。紅葉の頃はさぞかしきれいだろう。仙娥滝での涼しい瀬音に、台湾旅行を思い出す。

長女はあちこち私を連れ出してくれた。ありがとうね。そのやさしさに比べたら、私は何もしてやれてない。ごめんね。

スーパーの招待旅行なので見知った顔も何人かいた。「お買物ばっかり！」とブーイングしたのでひとつカットしてはくれた。飲ませて喰べさせて買わせてなんてつまらない。ハートをゆさぶる何かひとつが欲しいなァ。

皆、心の中ではそう思っているよ。目を見ればわかるもの。

帰路は大渋滞で、千葉に着いたら夜の九時過ぎ。くたびれたけど、楽しい一日だった。

七回目の巡禮の旅へ

Fさんが下さった『清水寺特別出開帳』の券を手に高島屋へ。今日は、お前立ちの観音さまの前にゆっくり存分に合掌する。

昨春スタートした巡禮も七回目となり、要領も良くなってくる。これだけずっとお参りを続けてくると、何かを願うというよりはただ無心に手を合わせ、心を静めてくれるだけで十二分に満たされる。一心称名そのものだ。

狩野元信筆、意馬心猿図を見て、クスッと笑ってしまう。全く馬車馬のように嘶き足掻いてばかり。猿のように走り回ってばかりのこの世の我らである。何たることか……。

一通り拝見して東京駅へ。いつもの「ながら」なり。本日は、番外元慶寺もうで。あまりの猛暑に耐えられず、体力も考えてタクシー利用となる。途中、例によって話がまとまってその先の今熊野までお願いすることになる。

番外札所その三

紅葉の大樹が涼し気に枝葉を大きく広げ、降るようなセミしぐれの中、境内に入った。

お堂前の木札を読むと、「僧正遍照ご開基」とあった。

天つ風　雲の通ひ路　吹き閉ぢよ　乙女の姿しばしとどめむ

声を揃えて詠ってしまう。美男で有名な、帝の皇子だ。のんびりペースの私達にしびれを切らせた運転手さんが、門のすぐ前まで車を向けてきて慌ててしまう。院がご出家されたこのお寺は、そう思うせいか後ろ髪ひかれる所でもある。

髪を切る、その重い意味は今の私達からは想像もつかぬほど悲痛だったに違いない。戒律の厳しい仏門に入ってしまったら、もう戻れない。断念する他ない。私達も日々、選択と断念のくり返しの上に生きているか、切実さの度合いは違うもののいつだって岐路に立たされている点では変わりはない。

第十五番札所　新那智山観音寺

風流な赤い橋を渡るとそこは今熊野観音寺。皇室ゆかりのこのお寺は広々として神さびていた。紅葉の実が竹とんぼの形をして赤く色づいているその下で、五智水を口に含み本堂へ。

納経所では菩提樹の実と葉を記念品として下さった。

泉湧寺においとまして、カッと照りつける陽射しの中、坂を下って東福寺駅へ。歩いて十五分の距離だが、あまりの暑さに頭がボーッとなる。盆地のこの暑さは実につらい。

そこから京阪電車で三室戸寺へ。花の寺として有名だが、ここでも私達は足取り重く、のろのろした苦しい十五分となる。めまいがしそうな、くらくらしそうな暑さで、背中の荷がズシリと重い。

ふと見ると、もう萩が咲き始めていた。

第十番札所　明星山三室戸寺

受付で荷物を預かってくれたので少しは楽になる。今日もビリになって息も苦しいが、高さ十二メートル、六十段の大石段を上りきったならば、と思った瞬間、先頭をゆくヨッちゃんの「あっ、あ〜〜っ」ただならぬ声。感嘆の声。何なの一体？　はやる心で必死に上る。

お〜〜っ、思わず息を呑む。お庭いっぱいに百鉢以上もの蓮の花……。白、ピンク、かすりと丈も豊かに風に吹かれてゆれていた。

壮観、見事。皆に見せてあげたい光景だ。苦しい上りを経てこうしてきれいな蓮の花に迎えられて、暑さも疲れも吹き飛んだ。何より嬉しい贈り物であり最上のおもてなし。おまけに山からはさわさわ涼しい風が吹く、極楽浄土の出現だった。

それにしても、暑すぎて汗とほこりで首のまわりがヒリヒリする。田子作スタイルそのものだけど構わない。手拭いをくるりと巻く。

それいいネと二人もここで記念の手拭いを買って首に巻く。まるで、今、草刈りから戻ったばかりの農婦なり。お互いの姿に吹き出しながら、それでも恰好より実用第一で凌ぐほかない。体がおかしくなりそうな酷暑なり。

お寺を後にバス停へ。いつものように待ちきれなくて歩き出し、バスセンターで尋ねると、宇治駅まで徒歩十五分と。ならば、とまたてくてく歩き出す。

信号の先に見つけたお店でお昼にする。茶そばが来る前に出されたほうじ茶があまりにおいしくて何杯もお代わりする。幾らでも飲めた。どれだけ渇ききっていたのやら。

このお店、「伊藤久右衛門本店」は、行き届いた心配りが隅々にまで及ぶ、誠実で申し分のないお店だったから大当たり‼　大満足‼‼

器も上等、手抜きのない確かなお味に、更に別腹も追加で注文する。思わず身を乗り出したほど、彩りも良くセンスも良い。上品な甘さが口一杯に広がって百点満点なり‼‼

またここに来ようネとVサイン。隣の卓の若奥さんが「すごく楽しそうですねぇ、羨ましい」にっこりとおっしゃる。宇治は茶どころ味どころ、とってもいい所。

汗もひいて元気になり、坂を下ってゆくと宇治川だ。昔見た時は白波の立つ激しい流れだった。今日は夏で、カラカラ天気のため、水量もぐんと減っていたのだろう、小波でしかなかった。左へ行けば平等院。

ＪＲで京都に向かう。もうひとつ回れそうなので、ここから一番近い向日町《むこうまち》で下車する。

善峰寺行きのバスは、阪急向日町駅から出るのでそこをめざして歩き出す。ここでもやはり最終便はもう出たばかりでタクシーで行く他なかった。お寺さんは、朝が早いから夕方も早いのだ。早く起きて早く動くしかない。

タクシーには往きだけお願いした。車を待たせて気になってのお参りはどうにも嫌だったし、ここでお終いだから急ぐ必要もないし。赤い橋のたもとで降りる。

第二十番札所　西山善峯寺

四十五度の急勾配の山坂を、手すりを頼りに上ってゆく。本堂に着くと、はるか彼方まで京都盆地が見渡せて絶景なり。かなりの高さとわかる。京都タワーを起点に東西南北を一望し、涼風で息を整えてから参拝する。桂昌院お手植えの遊龍の五葉松は枝ぶりも良く、長々と伸びていた。彼女は何を祈願して寄進されたのだろう、想像をめぐらした。

午後五時閉門。鐘の音に送られてお山を下り、バス停めざし出発する。もう一本、別のルートがあったのだ。

深い木立の森の中、フィトンチッドを全身に浴びて歩くこの心地良さ。心の中まで緑色に染まりそう。

やがて漬物屋さんがあって入ってゆく。『よしみねの里』。

向かいの駐車場から奥さんがやって来た。夫さんは裸になって汗を拭きお着替えだ。

本当に耐え難い炎暑なり。

買物を終え、再び歩く。右手に工房が見えてきた。あの観音正寺の観音さまが、今、ここで彫られている。また会いに来ます。

途中地元の方にバス停までの所要時間を尋ねると、「私の足で十五分ほど」、もう一息だ。ヨッちゃんが、指先が痛いと遅れ気味。何とかバス停まで歩けるといいけれど……。その時スーッと私達の前方に車が停まった。ん？

「乗っていきませんか」と紳士が声をかけて下さって、後ろの席では奥さまが何やら片づけ始めている。見ると、さっきのご夫婦だ。

嬉しい……。いっぺんに気が抜けてしまう。素直にお言葉に甘えてお世話になる。

立派な外車は涼しいし広いし汗もすぐ引いた。前に座ったアッちゃんと紳士のやりとりから、どうやら京大出身のいいとこのご夫婦のよう。もう三十年も前に巡礼を終えられたそうで、穏やかでやさしくてとても親切な方だった。観音さま、今日もありがとう……。

神戸へ帰られるところを、わざわざ向日町駅まで送って下さり、にっこりと手を振ってインターチェンジに向かわれた。あの時はご親切にして下さいまして、本当にありがとうございました。

京都駅で夕食を済ませホテルに向かう。地下鉄四条で降りて六番出口へ。いつもの宿に着。疲れきったヨッちゃんは部屋に入るなり、ベッドへ。ピクッとも動かず眠りこんでしまい、全く反応せず。入浴し、明日の仕度をし、十時半になってようやく目を覚ましたヨッちゃん。明日は大丈夫かな？

翌朝は皆元気を取り戻し、嵯峨野線で亀岡へ。保津川沿いに幾つもトンネルをくぐってゆく。山あいに点在するつつじは赤紫で、関東のオレンジ色とは違っていた。野山に自生する花でさえも、西と東ではこうも違うのだ。

バスの接続も良く、穴太口で下車。のどかな田園地帯を十五分ほど歩いた。草を刈った後の日向くさい匂いに、祖父母の家に続く田んぼ道を思い出す。

そうだった、祭りの時は井戸にいっぱい、スイカがぷかぷか浮かんでいた。ざるに山盛りのカニがおいしかった。遠い日の夏の日々を次々に思い出す。

第二十一番札所　菩提山穴太寺

本堂の前で手を合わせ納経も済んで、勧められるまま内陣へ廻る。有名な釈迦涅槃像をくまなく撫でて健康祈願。あの人この人、祈ってあげたい人の顔が次々浮かび、忙しい。撫でられてつるっつるのお釈迦さまはいいお顔。

そのあと座敷に案内され、一幅の名画のような構成の内庭を拝見する。ゆっくりとしたお参りができて、満ち足りた思いに包まれた。

帰りのバスに合わせて失礼し、亀岡、京都、新大阪を経て地下鉄御堂筋線で千里中央へ。

バスの出発前に、お昼はお寿司で腹拵え。さすが大阪は食の都、おいしくて安かった。

満員の乗客を乗せてバスは箕面の山中に入ってゆく。四十五分のバスの旅。やがて街並みがずーーっと下の方になり勝尾寺着。花の茶屋で入山料を支払って、応頂山の山門をくぐる。待っていたかのようにシャーッと噴水が迎えてくれた。

第二十三番札所　応頂山勝尾寺

参道の両側には石楠花が植えられていた。快適なペースで石段を上る。広々とした空間は気持ちが良い。あちこちに名物の必勝だるまがちょこんと据えられていた。両の目が塗りつぶされていて、願いが叶ったのか勝ったのか。良かったね。でもね、叶わなくたって負けちゃったってそれはそれでいいんだよ。どおってことないさ、そんなこと。幸も不幸も背中合わせ、コインの裏表だってこと。

秋が来れば全山燃えるような紅葉というお寺だが、八月六日月曜日、滴る緑のなか、夏よ万歳！　巡禮万歳‼　の私達。

朱塗りの色も鮮やかな本堂に手を合わせ、仮納経所に行くと、盆月とあって三人のお坊さんがせっせとお塔婆を書き、施餓鬼会の供養のために用意されている。

私達に目を留め、手を休めてそれらを片付けて待って下さっているその一番右端の方の前にお軸と納経帳をさし出した。

　すると、その方は三つのご宝印を捺す度に、つまり三回も「南無大慈大悲観世音菩薩」と大きな声で唱えて下さったのだ。

　初めてのことで、非常に嬉しく有難く、ふるえそうになった。こんな心遣いを示されると喜びも一層で、はるばる遠い道を汗まみれでやって来た甲斐がある。心をわしづかみにされるおもてなしで、絶対に忘れられない。心をこめて丁寧に対応されるとこんなにも感動するのだ。一番大切なことを教わった。

　最終のバスで下山する。ハプニングばかり続いたけれども、かろうじて「ながら」に間に合った。立秋の早朝、東京着。次でいよいよ満願だ。本当に、よく廻ったものだこと。ただ一つ残る谷汲山へは白露の頃にゆく予定。

　夕刊に目を通していたら「書留です」で、また当たる。B賞三万円のギフト券。いつも巡禮から帰ると待ってたように当たっていたが、今回は行く前に既に。

「ながら」で行く旅もこれでお終いで寂しいな。大垣から樽見鉄道で谷汲口駅まで行く。が、接続が悪いから一時間半も待つ羽目に。仕方がない、これが巡禮の旅なのだ。

駅に降りると、バスの接続も悪い。次のバスが来るまで一時間以上もある。ガイドブックによると、バスで十分とあったし、歩いたって変わらないかな。

通りへ出て右折する。つるうめもどきの赤い実の美しい生け垣を見つつどんどん行くと、雨脚が強まってきた。台風の余波で不安定な空模様。ガレージを拝借して雨具を身につけ、ついでに道を尋ねると、「この道でよいが、三十分や四十分の距離ではなくて……」と、妙なことをおっしゃる。ま、一時間くらいなら大丈夫。いつもそんな山登りばっかりだったしね。

たまに通る車はあるが、バス停ひとつ見当たらず。梶尾川を右手に更にゆくと、『華厳寺入り口』の看板があった。近づいて確かめると、『東海自然遊歩道、六・二キロ』とあったので、その道に入ってゆく。雨は止む気配もなく険しい山道を枯れ枝を杖に黙々と登る。たまに視界が広がると、眼下には鮎を釣る人の姿もあって墨絵の世界だ。天気が良かったらねぇとぼやくばかり。

そのうち下り坂になった。いくらでも下りてゆくので、あれっと思ったら麓……。

鳩豆状態だ。何だったの？　と弱いおツムは大混乱。舗道に出ると、案内板の矢印は左に向かって三・二キロとなっていた。半分ばかり来たわけか、と一応納得した。

ずーっと平らなコンクリート道を行くが、車一台通るわけでなし。勿論人にも犬にも会わぬまま。こんな悪天候の日にお参りするのは私達くらいのもの、酔狂なことである。

やがて石ころだらけの道になる。しとしととやわらかい雨に打たれて路傍のほととぎすの花が儚なげに揺れていた。

更に行くと『車進入禁止』の看板が。もうすぐかと期待する。だって、もう一時間半も経っている。随分遠いこと……。遠すぎること……。疲れているけど、ただもう進むしかないから、ハァハァと息を切らせながらもお山を登ってゆく。

すると「一・一キロ」の矢印があって、やれやれだ。もうすぐだね。ところが、程なくして登りつめ、今度は急な下り坂。さっきもひとつ山を越した。またもや登って下りるとは、一体どんなお寺さん？

ガイドブックには、賑やかな参道が出ていたが、この山奥のどこにあの通りがあるというのだろう……。

坂道をズンズン下がってゆく。いくらでも下がってゆくので午前中だというのにまるで夕方みたいに薄暗い。おまけに篠突く雨は途中の倒木で激しい流れと化し、異様な雰囲気に不安になってきた。こんな所で道に迷ったら助けを求める手段は何もない。〝三人遭難〟の恐ろしい見出しがチラついて恐怖にかられ、カラ元気を装って先頭をゆく。

とにかくまだ道は一応あるのだし……。途方に暮れ、心身の疲れもピークに達したその時、「〇・四キロ」の矢印が目に入り、一同ホーッと胸をなでおろす。よかった。あと四百メートルならもうちょっとだ。こんな最悪の状況で山の中に入った私達が間違っていたのだ。シュンとなる。

やがて廃屋が右に左に現れてホッとする。ここまで人がやってきた跡が見つかったのだ。道は両側から覆いかぶさるような深草に埋もれ、びしょぬれの体ごと更に露をまとって通り抜け、ひなびた道に出た。そこがお寺の裏手だったわけで、ガクガクになった膝で本堂に廻る。

第三十三番札所　結願の寺　谷汲山華厳寺

まずは濡れた体をタオルで拭き、荷物を見ると何もかもずぶぬれでお手上げだ。ドライヤーで、形だけだが乾かした。

ふと見ると、ヨッちゃんのズボンに血の跡が。すすきで切ったのかと思いきや、「キャーッ！　ヒル！　ヒル！」えっ、何で？　春の田んぼならいざ知らず、この山の中でヒルの歓迎を受けるなんて——。でも、あとで知った。山ヒルという種類のヒルがいるのだ。

何気なく自分の足元に目をやると、同じく白いズボンに血の跡が。慌ててめくると、どでかいヒルがへばりついていて離れない。

キャーッ。二人で何匹も見つけてパニックだ。騒ぎが収まって、ようやく参拝となる。結願の寺、満願寺。数々の思いが去来して、写経を奉納し、心を込めて最後の読経をする。

お軸を乾かしていると、タイからやってきた女子留学生達が興味深そうに近寄ってきた。お軸を広げて見せてあげる。同じ仏教徒だものね。お国やお母さんのこと、思い出したのね。

この娘達は、私達の読経中もずっと傍にいた。寂しくてブルーになる日もあっただろう。でも若さできっと乗り越えられるよ。観音さまが守って下さるからがんばってね。

雨は相変わらず激しい降り方のまま。お寺をあとにする。温かいものを、とお店に入った。

この、ズラリと並んだ通りこそあの参道だったのに、山をふたつも越え、二時間半もかかって裏手から辿り着いたのは、なぜなのか……。

お軸の表装を依頼して、考えながら歩いてゆくと、バスセンターと案内図があった。食い入るように目をこらす。どうやら左折すべき所を私が間違って右折したため、とんでもない道中となったようだ。ごめんね、と二人に平謝り。知らぬが仏でまたまた大失敗――。結果的に無事だったものの、思い出すだに身ぶるいする。最後の最後までそっかしさ丸出しで……。

帰りは、この月で廃線となる名鉄谷汲線で岐阜に出る。名残を惜しむ人々がしきりにシャッターを押していた。

岐阜から京都に向かう車中で、アッちゃんが思わぬヒルとのご対面。ヒェーッ。やっぱり三人仲良く被害に遭っていた。帰ったら、お詫びのしるしにお菓子でも送らなくては。

強烈すぎる荒行苦行をさせてしまい、本当にごめんなさい。勘弁して下さい。鯉を撫でて俗界に戻ってきた私達だけど、いつもいつも命の洗濯、心の洗濯をさせてもらい、元気をもらえた一年半だった。

観音さまに深く感謝、姉さま達に深く感謝、家族一同に深く感謝……。

京七福神参りへ

十六日、日曜日。午後一時開演に間に合うように家を出る。そおっと目立たぬ位置に座ってプログラムを見る。息子の大学祭なり。

呼び込み役だが、どんな姿で登場するのかな。俄かには我が子と気付かぬほど、大きな張りのある声、晴れ晴れとした表情に意表をつかれる。背筋をピンと伸ばし良く通る声で堂々とした役者ぶりに驚いた。一人で踊るタップダンスに目をみはった。完全に解放され昇華され実に楽しそうだったね。こんな一面、ハハは全く予想もしてませんでした。君は、亡き私の父に、若き日の父にそっくりでした。

平成十四年一月十一日、鏡開き。届いた封書を開くと、津和野からしゃれた和綴じのノートが届いた。津和野は鷗外のふるさとだ。柿渋色のやさしい色あいに顔中ゆるみっ放し。

あさっては、十回目の京都行き。秋に今熊野で耳にした七福神まいりに出かけるのだ。年に一度、成人式の日に開かれるここ泉湧寺だけの催しで、もう切符の手配も済ませてある。

一月十四日、月曜日。九時京都着。案内所の方は「二〇八番で行くんよっ、間違えたらあかんえっ」心配顔丸出しで親切に説明して下さる。

夜行で着いた私達は、きっと寝呆け眼の頼りないおばさんと思われたのだろう。可笑しくて調子に乗って「あかんえっ」とお互いをからかい合って笑いが止まらない。

泉湧寺口でバスを降り、懐かしい道を辿ってゆくと、♪商売繁盛で笹持って来いっ♪のBGMを背に、福笹を手にした人で大賑わい。まず、秋にお世話になった納所にご挨拶。色紙を求め、さっそくご宝印をいただいた。ここは、今日は恵比寿殿となる第四番目の福の神さま。

昔の人は合理的だ。神さまも仏さまもお大師さまも、みんな一緒にこんにちは。そうだ、と思い出し、二冊の和帳をとり出す。筆のすべりや落ち着き具合が良さそうで、「こんなええ紙に書かしてもろたらもうお金なんて要らんでもなんぼでも書きたいほどや」と大変喜んで下さった。鏡開きの日に届いた例の和帳であり、もう一冊はTさんから頂いたやはり上等な和帳である。長女と二女の名前まで達筆で書いて下さり、ますます嬉しい。

勿論他所でも「ええ紙やなァ、気張って書かな」と腕まくりされたり「これはまた、ええお参りさんですなァ」としみじみ手に取り押し戴いて下さったり。丁寧に大切に扱って下さるのでこの上ない喜びとなる。良い物は、自然と重い扱いを受けるのだ。境内のお寺を九ヶ所、三時間ほどかけて参拝し、昼過ぎに全て終了した。予想していた京の底冷えを裏切って、汗ばむほどの小春日和でありがたかった。

午後はラリーの続きで粉河寺へ。和歌山駅、和泉府中、天王寺と廻り大阪で夕食にした。ホテル着は二十二時を過ぎていた。予約が取れていないと言われ、びっくりする。いつも常宿にしていますからと伝え、ひとまずOKとなったが、ちゃんとしっこく確認しなければ。一缶を三人で分け合って冷たいビールで乾杯し、寝酒が効いてぐっすり眠る。

朝目覚めると京都の街は雨だった。グレー一色にけむっている。傘を借りて歩き出す。何度も尋ねながらようやく華堂に到着。

お礼まいり

「三人揃ってよう来てくれて……」と大層喜んで下さり、何回も何回も手が痛くなるほど握手する。

この二年余りの日々を思うと、本当に嬉しい。庵主さまのやさしい眼差しはあの日のままだった。あの時は本当に本当にお世話になりましてありがとうございました――。

俗に言うお礼まいりの仕返しではなくて、これが正しいお礼まいりだ。「皆同じ顔やね」ともおっしゃってDNAを確信する。寺町通りにはお茶の香りが立ち込め、幸せいっぱい。京都は本当に魅力的。何度でも来たくなる。

待望の開眼供養

三月十六日、従姉達と合流し、成田線に乗る。先月二十四日払暁、叔母の一人が亡くなった。私の京土産を喜んでくれた心やさしい人である。途中下車してお線香をあげに立ち寄ると、叔父は故人の尽きぬ思い出話で目をうるませる。この長寿の時代に六十代で逝くのはどんなに心残りだったことか。持参した遅すぎたお土産をお渡しした。巡禮のあの寺々に一枚ずつ頂いてきた散華の観音経である。額装すると、何だか重々しい雰囲気が漂った。静かで上品で、私達三人が大好きな叔父さん、これからも叔母さんに守って頂いて達者で暮らしてね。

従妹が送ってくれて夕方実家に到着。すぐお寺に向かい、お墓を掃除する。いつも思うが、こうしてきれいにしたあとの何て清々しいこと。花筒の水を替え、庭に咲くありったけの花を供え、一日が暮れてゆく、夜は遅くまで母と話し込んだ。

三月十七日、気持ちよく目覚める。手早く身仕度をし、お昼用のおいなりさんを拵えていると、車が停まった。あっ、来た来た。手を拭きながら出てゆくと、叔母が降りてきた。

叔母さぁーん、よく来てくれたわねぇ、嬉しい、会いたかった……。手をさし出して肩を抱くと、叔母は顔中くしゃくしゃになり、にっこりとしてくれた。

座敷の奥に二幅のお軸を並べる。壮観だ。従兄がじっと目を凝らして右、左と代わり番こに拝見している。その口から洩れた、「この観音さま、ウチのお袋さんによく似ているなァ」は、うれしいひと言だった。そう、観音さまは内なる姿を具現してらっしゃるのだ。父であり母であり夫であり子供である。自分の心をそのまま映し出しているから胸が詰まって痛くなる。人間だからね、私達……。

再び車の停まる音。菩提寺の御前さまのご到着だ。淹れかけたお茶の手を止め皆でお出迎え、そしてご挨拶、ご指示に従って清水を用意し、いよいよ開眼供養が始まった。

朗々と響き渡る読経のすばらしさ。皆、目をつむり、手を合わせ一心に集中する。

本日十七日は、菩提寺吉祥院のご本尊、如意輪観世音菩薩のご縁日。なおさら深まるご縁の糸。

表装され、届いて三ヶ月。我が家の床ノ間で過ごして下さったこのお軸ともお別れだ。名残は尽きないが、これからは母のことだけお守り下さいとしっかりお願いする。一人暮らしの母を、どうかよろしくお頼み申します。

御前さまをお見送りした後、皆でお寺に行く。父もさぞかし喜んでくれているだろう。失くして初めて気付くなんて本当に情けないけど、もっと早く目も心も開きたかった。

お昼は楽しい宴となる。気持ちがひとつに溶け合って懐かしいメロディが次々に口から洩れると、あとは手拍子につられて体は勝手にゆれ動く。

決して陽気ではない私は、賑やかすぎるのはどうも苦手。いつも、宴会部長役の楽し気な姿を、やや斜めに見ることも多かった。けれどもほど良い賑わいなら大好きだ。幸せなんてそこいら中に転がっているのに、皆、上ばかり先ばかり目を血走らせている。嫌だなァ。寄り道するのはいいものだよ。下を見れば花も咲いてるよ。

夕方の上り電車に乗る。熱々のごはんを急いで握りお茶も詰めてきた。景色を見ながらの夕ごはんはおいしかった。薄闇から漆黒へ、刻々と色を深めてゆく空を飽かず眺める。

足かけ七年の旅を終えて

巡禮は、観音さまに帰依する旅。そして、故人の菩提を弔う旅。廻り方は三通りあって、第一番札所、青岸渡寺から順番に行く順打ち。この逆を行く逆打ち、その時々の都合でゆく乱れ打ち。

何も知らない私達は一巡目は乱れ打ちで、二巡目は順打ちで、足かけ七年の旅をした。終わった時は三人とも六十代。老いの入り口に立っていた。

著者プロフィール

平野 美智子（ひらの みちこ）

昭和22年生まれ。
千葉県出身。
著書に『その先へ』（2022年、文芸社）がある。

巡禮ノ記

2024年７月15日　初版第１刷発行

著　者　平野 美智子
発行者　瓜谷 綱延
発行所　株式会社文芸社
〒160-0022 東京都新宿区新宿１－10－１
電話 03-5369-3060（代表）
03-5369-2299（販売）

印刷所　株式会社フクイン

ISBN978-4-286-25536-1　JASRAC 出2402203-401